中国之旅丛书

鄉村之旅

郭焕成　任国柱　吕明伟◎著

五洲传播出版社

图书在版编目（CIP）数据

乡村之旅 / 郭焕成，任国柱，吕明伟著．-- 北京：五洲传播出版社，2024.4

（中国之旅）

ISBN 978-7-5085-5178-4

Ⅰ．①乡… Ⅱ．①郭… ②任… ③吕… Ⅲ．①乡村－概况－中国 Ⅳ．①K928.5

中国国家版本馆CIP数据核字(2024)第057071号

乡村之旅

著　　者：郭焕成 任国柱 吕明伟
出 版 人：关　宏
责任编辑：刘　波
图片提供：东方IC China Foto Press　五洲传播出版社　吕明伟
出版发行：五洲传播出版社
地　　址：北京市海淀区北三环中路31号生产力大楼B座6层
邮　　编：100088
发行电话：010-82005927　010-82007837
网　　址：http://www.cicc.org.cn　http://www.thatsbooks.com
印　　刷：北京市房山腾龙印刷厂
版　　次：2024年4月第1版第1次印刷
开　　本：787×1092mm　1/16
印　　张：9.75
字　　数：35千字
图 片 数：158幅
定　　价：79.00元

目　录

前言

乡村一般是指城市以外的广大地域，它由人类最初的聚居点衍变发展而形成，是我们祖祖辈辈赖以生存生息的地方。在我们祖先早期的生产和生活活动中，为了团结起来利用集体的力量更好地实现防御、繁衍、获取资源等目的，人们共同生活在了一起，由此形成聚居，这是中国乡村发展的最早的雏形。中国乡村的发展变迁先后经历了聚居→穴居和逐水草而居→分散的乡村聚落(半固定)→固定的乡村→聚落（定居地）等百万年的漫长过程。从穴居野外到筑室成居，在第一次大分工后，人类社会进入分散的乡村聚落阶段。随着农业生产水平逐渐提高，乡村聚落由分散、半固定形式，逐渐稳定，规模和范围逐渐扩大。中国乡村的发展先后经过了原始型乡村、古代型乡村、近代型乡村漫长的衍变过程，到20世纪90年代以来，约形成了320.7万个自然村落，居住生活着2.05亿户、7.9亿人。在漫长的中国乡村发展变迁中，勤劳、朴实的炎黄子孙创造了光辉灿烂的农耕文化和民俗传统，在世界人类发展史上写下了重重的一笔。

中国地域辽阔，历史悠久，各地的自然条件千差万别，乡村自然资源和文化内涵十分丰富。中国乡村优美的自然风光、古代的村落建筑、真实的民俗风情、悠久的农耕文化、古朴的村庄作坊、原始的劳作形态，在乡村地域上形成了“古、始、真、土”的独特景观。既有着反映人与自然和谐并存的乡村田园画卷，如层层叠叠的云南元阳梯田、茫茫林海雪原的长白山林场、春季花海簇拥的婺源、江南水乡周庄、新疆吐鲁番的瓜果之乡等；又有着融中国数千年的传统文化、宗教理念、民俗风情于一体的乡村聚落和民居，如云南丽江束河的纳西民居、贵州黎平的侗寨、福建永定的客家土楼、山西乔家大院、安徽西递和宏村的徽州民居以及广东开平中西合璧的碉楼等历史建筑；还有着浓厚文化底蕴的乡村节庆、耕作方式、生活习俗、趣闻传说，如中原社火、南方赛龙舟等。

自改革开放以来，中国的乡村面貌发生了巨大的变化，农村经济获得了较快发展、农民生活得到了很大改善、农村风貌有了很大的改观。最近中国政府提出了建设社会主义新农村的目标和要求，全国广大乡村人民正在大力发展现代农业、改善农民聚居环境，建设社会主义的新型农村。在这一建设过程中，涌现出了大批的新农村建设的示范村和现代农业的示范点，如江苏的华西村、北京的韩村河和留民营生态农场、浙江杭州的龙井村等。

《中国乡村之旅》一书旨在以传统和现代相结合的方式展现这些中国乡村的自然和社会面貌。本书采取以点带面的形式，以图文并茂的方式，详细介绍了中国30多个乡村，涉及内容包括传统民居、民俗婚俗、农家生活、田园风光、农耕文化、民族文化、传统工艺、新农村建设等方面，充分反映了在不同的区域、不同类型乡村的独特文化和魅力。《中国乡村之旅》可以说是乡村风土人情之旅、乡村民俗文化之旅、乡村民族文化之旅。

郭焕成

2007年3月6日

诗情画意的传统居所

在几千年漫长的农业社会中，生产力的水平比较低下，人们为了获得比较理想的栖息环境，以朴素的生态观，顺应自然并以最简便的手法创造了宜人的居住环境。中国传统民居以结合自然、结合气候、因地制宜、丰富的心理效应和超凡的审美意境著称。由于各地区的自然环境和人文情况不同，各地民居也呈现出多样化的面貌，在世界建筑史上较为鲜见。

这些民居如今在各地乡村还有大量的遗存，它们是人们心目中理想的居所。

茶马古道上的纳西古镇：丽江束河

束河古镇位于云南省西北部丽江境内，曾经是历史上著名的“茶马古道”重镇。从名城丽江去束河，只需沿柏油马路向雪山方向行驶约7公里，便可见到一个古老的村落。这便是束河，被称为“清泉之乡”，亦称为龙泉村。

束河是纳西族先民最早的聚居点之一。进入束河古镇，你可直抵中心集市——一个类似丽江古城四方街的广场，面

晨曦中俯瞰古镇

巷口的纳西老人

积有200多平方米，称为“束河四方街”。广场的四周均为店铺，古老的木板门面，暗红色油漆，还有店前黑亮的青石和脚下斑驳的石坡路面，所有一切都显得古朴、自然。

从四方街西行，山脚下就是大片的古老居民区。与丽江古城相比，束河的民居显得更加质朴和自然。束河纳西民居大多为土木结构，是木构为骨架，以木结构为主的土、石、砖、木混合构造体系，比较常见的形式有三坊一照壁、四合五天井、前后院、一进两院等几种。其中，三坊一照壁是最基本、最常见的民居形式。农村的三坊一照壁民居在功能上与城镇略有不同。一般来说三坊皆两层，朝东的正房一坊及朝南的厢房一坊楼下住人，楼上作仓库，朝北的一坊楼下当畜厩，楼上贮藏草料。

束河纳西民居最显著的一个特点是，家家房前都有宽大的厦子（即外廊），纳西人把一部分房间的功能如吃饭、会客等搬到了厦子里。民居的天井也极富特色，多用砖石铺

乡村客栈门口中、英文和当地东巴文字对照的招牌

成，常以花草美化，且多用砖、瓦、卵石等材料铺成“如意吉祥”“四蝠拜寿”等具有观赏性的大型图案，更衬托出清秀气氛。天井除担当日常生活的功用外，尚有生产功用、民俗活动功用。

近年来，随着纳西社区的不断发展，古镇纳西民众新建房屋时按照规定，在总体框架、建筑设计及风格等方面仍保持传统风貌，但在房屋内部装修方面，却逐渐采用现代装饰

厦子里的悠闲

手段和装潢材料。在这些民居里，你能真正感受到古老与现代的有机、和谐的组合。

为了避免束河古镇过多的商业开发，目前在古镇南面，依着水势和老树的格局延伸开发了一个很漂亮的仿古新镇，专门用于酒吧、客栈、商铺的开设。正因为如此，面对越来越多的游人，古镇居民的生活节奏没有被打乱，你很容易接触到土生土长的纳西人，他们纯朴善良，热情好客。与丽江古城相比，这里的生活更加原始，更加安静平和。在与当地人共享这种返璞归真的生活时，你一定希望这种状态能够延续下去。

墙上挂着的纳西族工艺品

吊脚楼+风雨桥：黎平侗寨

贵州省的黎平县总面积4441平方公里，总人口50万，其中侗族人口占70%，是侗族最大的聚居地。

黎平侗乡风景名胜区地处湘黔桂三省（区）交界处，这里民族文化、自然风光、历史文化和红色旅游资源珠联璧合，相得益彰，令人流连忘返。其中地坪风雨桥是全国重点文物保护单位；堂安侗寨是中国和挪威王国合建的唯一一座侗族生态博物馆；“中国最美的六大乡村古镇”肇兴是全国首批10个民族民间文化保护试点工程之一；黎平天生桥是世界上最大的天然石拱桥；“侗族大歌”唱响法国巴黎，被誉为“清泉闪光的音乐”和“隐藏着的文明”；黎平国家级森林公园是个天然的大氧吧，是探寻远古生态的理想场所；德

村民走过红军桥

堂安田园秋色

凤古镇翘街，被称作“明清时期的清明上河图”，景区内四合院、封火墙、飞檐翘角交相辉映，古色古香。全国重点文物保护单位“黎平会议”旧址被列入全国100个红色旅游经典景区名录和全国30条红色旅游精品线路之一。

吊脚楼是黎平侗寨的一大特色，是一种充分考虑地势因素的建筑。贵州多山，素有“地无三尺平”之说，对于建筑很不利。侗族人便因地制宜，建房时把大根的木柱插入岩石中，再在上面铺上木板居住。由于房底是空的，便于通风防潮，既扩大了使用面积，又很适合当地潮湿多雨的气候，可谓一举两得。吊脚楼一般是两层木结构房，多取材于当地盛产的杉木，木质坚硬，衔接处使用木榫，不用铁钉，但牢

肇兴侗寨

侗族歌舞

固异常。其中肇兴侗寨为全国最大而又古老的侗寨，被称为“侗乡第一寨”，是黎平最具民族风情的建筑群。

在黎平，商业化还没有冲击到长久保存下来的质朴风貌，你还可以感受到浓厚的当地生活气息。有可能敲开一户人家的房门，主人会为你提供一间客房住下来，每晚只需很便宜的价格。你还可以与主人一起享用他们的家常菜。侗家待客是吃长桌饭，众人围坐在一个狭长的矮桌前，桌上摆的是侗族人的传统食物，如腌鱼、泡菜、南瓜等。

客家人的城堡之家：永定土楼

福建永定土楼分布于龙岩地区南部，历史悠久、风格独特、规模宏大、结构精巧，是中国古建筑的一朵奇葩，东方文明的一颗明珠，堪称“中华一绝”。

永定土楼分方形土楼和圆形土楼两种。福建永定县有圆楼360座，方楼4000余座。圆形土楼（又称圆寨）是客家民居的典范，大都由二三圈组成，由内到外，环环相套。外圈高十余米，一般高三至四层，有一二百个房间。一层是厨房和餐房，二层是仓库，三、四层是卧室。二圈两层，有30至

与自然景观和谐统一的田螺坑土楼群

方形的福裕楼

50个房间，一般是客房。中间是祖堂，是居住在楼里几百人婚丧喜庆的公共场所。楼内还有水井、浴室、磨坊等设施。土楼采用当地生土夯筑，不需丝毫钢筋水泥，墙的基础宽达3米，可行汽车，底层墙厚1.5米，可横卧人，向上依次缩小，顶层墙厚也不小于0.9米。沿圆形墙用木板分割成众多的房间，其内侧为走廊。

福建永定土楼多建于明（1368—1644）、清（1644—1911）两代，但是，追根溯源，早在西晋（265—316）年间它就诞生了。当时，从外地逃荒来此的客家人，把简单的泥瓦房改造成坚固美观的土楼，并逐渐由单层发展成多层。从明朝中叶起，永定土楼愈建愈大。这种土楼既能抵御台风、地震等天灾，又能抵御匪盗劫掠等人祸，而且利于把分散居住的客家人聚集在一起。大家平时一起生活，和睦相处；一旦遇到外来突发事件，则联合起来，共同抗击。

土楼在古代乃至20世纪40年代，始终是客家人自卫防御的坚固楼堡。土楼的大门用二三十厘米厚的杂木制作，外钉铁板，有的楼门上甚至装有防火水槽。圆形土楼一、二层不开窗，就是敌人逼到墙下亦奈何不得。有的土楼用内外双层土筑成仅有1米余宽的夹道。夹道绕楼一周，外墙开窗，除通风纳光外，也利于阻击敌人，保护自己。有些土楼在楼的最高处前方和左右方还设有 望台，登上瞭望台瞭望，楼外敌情一目了然。永定土楼除有防卫御敌的奇特作用外，还具有防震、防火、防野兽以及通风采光好等特点。为了防火，许多圆楼的外圈楼房分割成六分之一、

振成楼外观

八分之一或十分之一，中间筑防火墙，以防火势蔓延。圆楼又因每层房间都处在圆周的均等点上，没有死角，故通风采光都比方楼好，同时由于土楼厚度大，隔热保温，冬暖夏凉。

振成楼坐落于湖坑乡洪坑村，建于1912年，占地5000平方米，悬山顶抬梁式构架，分内外两圈，外圈四层，每层48间，按八卦形设计，每卦六间，一楼梯为一个单元。振成楼的祖堂是一个舞台，台前立有四根周长近2米、高近7米的大石柱，舞台两侧上下两层30间房圈成一个内圈，二层廊道精致的铸铁花格栏杆是从上海运到此楼嵌制的。大厅里门楣上有民国初年的黎元洪（1864—1928）大总统的题字。1986年4月在美国洛杉矶举办的世界建筑模型展览会上，振成楼曾与雍和宫、长城并列展出。

振成楼居民住家

土楼内公用的水池

晋商豪宅——乔家大院

与前面的村镇不同，我们乡村之旅的这一站去的只是一户人家。但这户人家的重要性却不是寻常的乡镇村寨所能比拟的。

乔家大院是曾经富甲天下的晋商乔家的私宅，位于山西省祁县乔家堡村正中。整个大院占地8724平方米，建筑面积3870平方米，分六个大院，内套20个小院、313间房屋，从高空俯视院落布局，恰似一个象征大吉大利的“囍”字。大院为全封闭式的城堡式建筑群，三面临街，四周全是封闭式砖墙，高10米有余，上边有掩身女儿墙和瞭望探口，既安全牢

独具一格的庭院

砖墙与院内通道

固，又威严气派。乔家大院设计精巧，工艺精细，充分体现了中国清代民居建筑的独特风格，是一座无与伦比的建筑艺术宝库，被专家学者誉为“北方民居建筑的一颗明珠”，向有“皇家有故宫，民宅看乔家”的说法。

依照传统的叫法，乔家大院北面三个大院，从东往西依次叫老院、西北院、书房院。南面三个大院依次为东南院、西南院、新院。南北六个大院的称谓，表现了乔家大院中各个院落的建筑顺序。一条长80米笔直的石铺甬道，把六个大院分为南北两排，甬道两侧靠墙有护坡。大院有主楼四座，门楼、更楼、眺阁六座。各院房顶上有走道相通，用于巡更护院。乔家大院闻名于世，不仅因为它有作为建筑群的宏伟壮观的房屋，更主要的是因它在一砖一瓦、一石一木上都体

精致的板绘工艺

现了精湛的建筑技艺，南北六个大院内，砖雕、木刻、彩绘到处可见。纵观全院，威严高大，整齐端庄，布局严谨，建筑考究，规范而有变化，不但有整体美感，而且在局部建筑上各有特色，即使是房顶上的140余个烟囱也风格各异。全院亭台楼阁，雕梁画栋，堆金立粉，完全显示了中国古代劳动人民高超的建筑艺术水平，是不可多得的艺术珍品。

乔家大院始建于清乾隆二十年（公元1755年），以后有两次扩建，一次增修。从始建到最后建成现在的格局，中间

错落有致的屋顶与风格各异的烟囱

经过近两个世纪。虽然时间跨度很大，但后来的扩建和增修都能遵照原先的构思进行，整个大院风格一致，浑然一体。

1985年，祁县人民政府利用这座古老的宅院成立了祁县民俗博物馆，1986年11月1日正式对外开放，陈展5000多件珍贵文物，集中反映了晋中一带的民情风俗。陈列内容有：农俗、人生仪礼、岁时节令、衣食住行、商俗、民间工艺。此外还专门设立了乔家史料、乔家珍宝、影视专题等的陈列。开馆以来先后接待了中外游客800多万人次。张艺谋执导的电影《大红灯笼高高挂》更是让乔家大院名扬天下。

徽州古村落：宏村、西递

2000年11月30日在澳大利亚凯恩斯召开的第24届世界遗产委员会会议作出决定，将中国安徽古村落（西递、宏村）列入世界遗产名录。

宏村

宏村位于皖南黟县城西北11公里，距屯溪（黄山旅游机场所在地）65公里。该村始建于北宋（960—1127），至今已有近千年历史。古宏村人独出机杼，开“仿生学”之先河，规划并建造了堪称中华一绝的牛形村落和人工水系。宏村水系是依牛的形象设计，引清泉为“牛肠”，从一家一户门前流过，使得村民“浣汲未妨溪路远，家家门巷有清渠”。

蓝天白云映衬下的宏村月塘

宏村居民赶着马车走在南湖边的石路上。

“牛肠”在流入村中被称为“牛胃”的月塘后，经过过滤，复又绕屋穿户，流向村外被称作“牛肚”的南湖；再次过滤后才流入河床。统观全村，就像一只昂首奋蹄的大水牛，如此水系，堪称中国古代村落建筑艺术之一绝，它吸引了日本、美国、德国等国专家接踵而来，精心研究。

全村现保存完好的明清古民居有140余幢。有“民间故宫”佳誉的清代民居承志堂富丽堂皇，是宏村古村落的代表性建筑，可谓皖南古民居之最，其内巧夺天工的“百子闹元

宵”“唐肃宗宴官”等木雕群及镂窗石雕《四喜图》奇美绝伦。世界著名建筑大师贝聿铭曾赞叹道：“黟县宏村建筑文物是国家的瑰宝。”村内鳞次栉比的层楼叠院与旖旎的湖光山色交相辉映，动静相宜，空灵蕴藉，处处是景，步步入画。从村外自然环境到村内的水系、街道、建筑，甚至室内布置都完整地保存着古村落的原始状态，没有丝毫现代文明的迹象。造型独特并拥有绝妙田园风光的宏村被誉为“中国画里乡村”。

西 递

西递位于黟县城东8公里处，始建于北宋皇祐（1049—1054）年间，已有近千年的历史。黟县原属古徽州，西递地处徽州府西部，因设驿站“铺递所”而得名。西递有着陶渊明在《桃花源记》中塑造的“世外桃源”的生态环境和风情，素有“桃花源里人家”之美誉。西递被专家、学者称誉

雨后的西递，白墙黛瓦格外分明。

西递抬头可见的精美石雕

为“中国传统文化的缩影”“中国明清民居博物馆”。

西递以其悠久灿烂的传统文化、精湛超群的徽派明清民居、朴实纯美的民俗风情，以及高超精巧的徽派木雕、砖雕、石雕，闻名于全国。最有特色的民宅有大夫第、膺福堂、惇仁堂、西园、瑞玉庭等。住宅大多临水而建，有精雕细刻的八字大门楼，高耸的马头山墙，曲折的墙面，形状各异的石雕镂窗及街头巷尾的石凳、水井、石板桥，这些建筑和物件都保持着明清时期的原有风貌。整个村落的整体轮廓与所在的地形、地貌、山水等自然风光和谐统一，具有很高的审美情趣，体现出皖南古村落的特有风貌。

该村建房多用黑色大理石，两条清泉穿村而过，99条高墙深巷，各具特色的古民居，使游客如置身迷宫之中。

村头有座明朝万历六年（公元 1578 年）建的三间四柱五楼的青石牌坊“胡文光牌坊”，又称“西递牌楼”，峥嵘巍峨，结构精巧，是胡氏家族地位显赫的象征、明代徽派石坊的代表作，也是西递的标志。

村中有座康熙年间（1661—1722）建造的“履福堂”，陈设典雅，充满书香气息，厅堂题为“书诗经世文章，孝悌传为报本”“读书好营商好效好便好，创业难守成难知难不难”的对联，显示了儒学向建筑的渗透。

西递村人杰地灵，培养出了明代荆藩首相胡文光、清代二品官胡尚赠、巨富豪商胡贯三等一批国家栋梁之材和儒商。

西递牌楼

京西古村落：爨底下村

爨（cuàn）底下村又名明清山庄、古迹山庄，位于距北京90公里处的京西古道上，是一处保留了明清风格的古村落。爨底下村坐北面南，依山而建，分上下两层，高低错落，层层叠叠，有“京西布达拉宫”之称。整个村落格局与古山村自然生态环境相和谐，以龙头山为中心的南北轴线上有70余座四合院随山势高低错落，呈扇面状向下延展，从南

爨，这个复杂的汉字是村子最简洁的标志。

面远处山坡上看，极像一个扇面形的元宝，又像周易中的八卦图、阴阳鱼，于群山环抱之中完整的山村风水格局清晰可辨。2003年11月27日，爨底下村被国家建设部、国家文物局列入第一批中国历史文化名村名单。

爨底下村为韩氏家族聚居之地，其祖先于明朝永乐年间（1403—1424）从山西迁移至此，距今已有400余年历史。爨底下村地处明代军事隘口“爨里安口”下方，因此得名。

爨底下村占地约1万平方米，现存院落76个，住房656间，结构严谨，错落有致，布局合理。一条蜿蜒的街道，把村落分成上下两部分。石墙、门楼、影壁、砖雕、石雕、木雕等建筑风格既体现出江南水乡风韵，又有北方高宅大院恢宏的气势。整个村落虽经历了数百年沧桑巨变，但依旧保持了原始的风貌——明清古居的特色，是中国首次发现的保留

爨底下村
元宝形的全景

丰收的玉米，
原始的晾晒。

比较完整的北方山村古建筑群，素有“民俗民居看京西，京西民居看爨底”的美誉。爨底下村古民居以明清四合院为主体，具有北京四合院的基本空间形态和以传统的院落空间为核心的一般特点，即内向开敞，外向封闭，具有严谨的空间秩序、明显的中心轴线，基本是由正房、倒座和左右厢房围合而成，部分设有耳房、罩房，并且各房间均有严格的等级划分。这种规划严谨的山村建筑群，在中国其他杂姓村落中是绝难见到的。爨底下四合院主要有山地四合院、双店式四合院、店铺式四合院三种类型。村中最大的正房为五间，一般正房、倒座均为三间，左右厢房两间，全部建筑均为单层。

爨底下村古建筑包含丰富的文化内涵，整体建筑端庄质朴、简洁典雅，充分体现了中国传统的审美观。整个民居装饰集砖雕、石雕、木雕及字画于一体，朴实无华。图案丰富、内涵深邃且工艺精湛的雕刻装饰多以象征吉祥的花

精细的瓦当

依地势而建的房屋

卉、鸟兽为主，如喜鹊、蝙蝠、牡丹、荷花、莲蓬等传统名花。装饰的主要部位集中在建筑的屋脊、檐口、墙腿口、门墩石、门窗、门簪、门罩、墙壁及影壁等处。文字装饰有迎祥、迪吉、福财、厚得福、忍为高、青山绿水和勤俭持家久、诗书富万年等。由于受家庭地位、经济条件等的限制，其装饰部位、内容及精致程度等均存在较大的差异。

爨底下村古民居附属建筑主要有：门外影壁、门内影壁、门楼、拴马桩、上马石、荆芭棚、狗洞等。爨底下村规模不大，人口不多，但体系却很完善，有关帝庙（又称大庙）、娘娘庙和五道庙。

江南水乡——周庄

周庄位于江苏省苏州城东南38公里外，面积0.47平方公里，古称摇城，原系春秋时吴国太子摇的封地。周庄又名贞半里，其来源是：北宋当地人周迪功郎笃信佛教，舍其故宅和200亩良田给寺庙当庙产，百姓们感其恩德，遂更名为周庄。

周庄自古有“水乡泽国”之称，澄湖、白岘湖、淀山湖、南湖和30多条大小河流围绕周庄，其外形宛如漂在水面上的一片荷叶。古朴幽静的水乡风貌、独特的人文景观、质朴的民俗风情，使其成为江南水乡的典范、东方文化的瑰

周庄鸟瞰

宝。周庄先后获评迪拜国际改善居住环境最佳范例奖、联合国亚太地区世界文化遗产保护杰出成就奖、美国政府奖、世界最具魅力水乡和中国首批十大历史文化名镇。

周庄镇上有四条主河道，镇内小河纵横交错，呈井字状，临河形成街市，错落有致的民宅背水面街，完整地保存了古色古香、原汁原味的明清古镇的旧貌。周庄有近百栋明清建筑，60余座砖雕门楼，窄直的河道上横卧着24座石桥，所有这些，连同淳朴的民间风情，构成了江南水乡“小桥、流水、人家”的独特风貌。

周庄民居因水而筑，粉墙黛瓦的深宅大院，质朴无华的临河民宅，比比皆是。一桥、一街、一寺、一屋，碧

沿河的街市

水、蓝天、绿树、石径，无一不显周庄遗韵，为古今中外的艺术家所津津乐道。著名画家吴冠中撰文说，“黄山集中国山川之美、周庄集中国水乡之美”。周庄民居还有着丰富的文化蕴涵：西晋文学家张翰，唐代诗人刘禹锡、陆龟蒙等曾居周庄；近代文化名人柳亚子、陈去病等人也曾驻足流连于此。中国现代画家陈逸飞先生以周庄的双桥为素材创作了著名的油画——《故乡的回忆》，后来这幅画上了联合国的邮票首日封。《故乡的回忆》、画家陈逸飞与周庄一起大放异彩，声名远播。

千年古镇周庄正是传承着锦绣江南的诗情画意，于恬静儒雅中，欢迎每一位到来的游客。目前周庄相继推出了文

周庄最著名景点之一——双桥

化街纺织、打铁、竹编等传统手工艺表演，舞狮舞龙、挑花篮、荡湖船等民俗表演，使游客体验江南水乡“小桥、流水、人家”诗情与画意的同时，还能感受古韵小镇深厚的文化魅力与别致的民俗风情。

街头艺人

“移民古镇”廿八都

廿八都镇位于浙江省江山市，地处浙、闽、赣三省交界的仙霞山脉中一个小盆地内。古镇群峰拱卫，峰峦叠翠，南有小岗岭水库，引水沿廿八都溪从北到南萦回而过，景色秀美。廿八都为古代商贸、军事重地，宋神宗熙宁四年（公元1071年），江山县在乡以下设以数字命名的四十四都

姜守金旧宅的门楣

（“都”相当于村），这里排行二十八，故名“廿八都”。在千年历史中，来自各地的历代官兵滞留和商贾云集，繁衍着142种姓氏，使用着九种方言，民俗风格多样，民间文艺荟萃，形成了与其他江南水乡古镇迥然不同的“移民文化”，被誉为“文化飞地”“移民小镇”。

古镇的大户有曹、姜、杨、金四家，他们围绕着宗族而居，至今还保留着36幢完整的古民居大院。站在老街上，最富有特色的是家家户户的门楣。门楣多为楼阁式，由梁、枋、檐、望板和垂帘虚柱构成四柱三楼式。各个部件都有精细的木雕装饰，题材多为福禄寿、合和二仙等吉祥物。

古镇因四周关隘拱卫，少受战乱干扰，至今仍保存有两段较完整的约1公里长的古商业街道和36座民居古建。镇上的一条古街，是19世纪保存下来的，窄得无法通行汽车，但两边店铺密集，户户相挨，居民家里都十分干净整洁，门前挂着传统的标志物，从街的这头到那头绵延1.5公里，俨然成了富有文化气息的明清一条街。10余幢公共建筑，20多幢古民居基本保持明、清两代建筑风貌。其建筑风格与浙皖一带的“四水归堂”水乡民居不同，融合了浙式木雕、徽式砖

老宅院里晾晒的庄稼

石拱桥“枫溪桥”

雕、赣式灰墙、闽北客家式甚至还有洛可可式的建筑风格。尤其是大小两座“文昌阁”内保存了大量文化价值相当高的壁画以及碑文，属国内罕见，被称为“民间建筑博览馆”。

在廿八都古镇，古道、雄关、小桥、流水、农家、古街，沿溪曲折有致，古建傍水，高低错落。镇内还有水安凉风、枫溪望月、郑狩晴岚、龙山牧马等几大景观。

旧日废弃的庙宇如今是老年活动场所。

广东开平：中西合璧的碉楼

开平位于珠江三角洲西部丘陵、平原地带，这里拥有神奇的建筑文化瑰宝——碉楼。

由于位置偏僻，为防盗贼和洪涝，自明代起已有乡民集资在村子里建起高大坚固、可防贼避水的碉楼。自1840年鸦片战争后，大批乡民迫于生计，远渡重洋，到美洲充当劳工。20世纪初，在海外漂泊多年、事业有成的华侨们怀着中国人叶落归根的共同心愿，纷纷返回家乡。当时国内时局动荡不安，各处军阀土匪割据一方，归侨们为求自保，唯有将住宅建成又高又坚固的碉楼。华侨们在美洲等地居住了大半生，深受当地文化艺术的影响，因此所建碉楼大都带有浓郁的西方古典建筑风格。正是这些开平华侨们的艰辛创业，给开平带来了20世纪初叶兴旺繁荣的盛况，也极大地丰富了开

自力村碉楼群

平碉楼的文化内涵与价值。

鼎盛时期，开平全县共有碉楼3000多座，纵横数十公里连绵不断，蔚为大观，成为开平最闪亮的风景。碉楼在开平全境分布甚广，几乎每个村子都有，最具规模的集中在自力村、三门里村、锦江里村、马降龙村等处。这一座座碉楼，是开平政治、经济和文化发展的见证，是历史的见证，也是中西文化融合的见证。中国乡村民众主动接受西方建筑艺术并与本土建筑艺术融合，造就了开平碉楼的千姿百态。古希腊的柱廊、古罗马的柱式、欧洲中世纪的哥特式尖拱和欧洲城堡构件等在开平随处可见。有“开平第一楼”美誉的瑞石楼便是其中较为典型的一例。瑞石楼建于民国十二年至十四年（公元1923—1925年），建设

日升楼与翼云楼

者是在香港经营钱庄和药材生意致富的黄壁秀。瑞石楼位于锦江楼的东侧，坐落在村落民居的主轴线上，是典型的居楼式碉楼，整体建筑呈现出中世纪意大利城堡风格。同时，瑞石楼在立面上运用西洋式窗楣线脚、柱廊造型，大量的灰塑图案中又融入了中国传统的福、禄、喜、寿等内容，在西洋的外表下蕴含着浓郁的传统文化气息和中国传统风韵。

开平碉楼少有人住，对于当地农民来说，它们只是司空见惯的摆设。

瑞石楼

赤坎镇连绵成片的骑楼

2007年6月，开平碉楼与村落被联合国教科文组织列入世界文化遗产名录，成为中国首个入选的近代建筑文化遗产。

最美的村寨——甲居藏寨

甲居藏寨位于四川西部横断山区的丹巴县。丹巴本身就是个高海拔的县城，但藏寨建在比县城还要高五六百米的陡坡上，那陡坡的谷底便是奔腾咆哮的大金河，流出不远去便汇入大渡河。

所谓“甲居”，在藏语中是指百户以上的人家。甲居藏寨面积约5平方公里，居住着149户嘉绒藏民，他们的寨楼散布在相对高差近千米的山坡上。甲居藏寨四季景色各放异彩。春天，簇拥在寨房四周的桃树、梨树、石榴树吐绿滴翠，红白相映，争奇斗妍，山寨融进了花的海洋；盛夏，

春到藏寨

幢幢寨楼又如含羞的少女深藏在万绿丛中，只有在微风中，林海碧涛轻轻翻滚时才若隐若现；金秋，山寨呈现出一派多彩的画面，树叶渐次褪绿，渐染红色、金黄色，楼房上堆积金灿灿的玉米，房檐上挂满串串红辣椒，寨前房后的果树枝头挂满香气四溢的雪梨、苹果和笑咧了嘴的石榴；只有冬季，寨楼才露出迷人的脸庞，可以尽情欣赏它那小巧玲珑的娇姿。

依山势而建的寨楼群

甲居藏寨的民宅是独特的藏式楼房建筑，一户人家住一幢寨楼。一般寨楼坐北朝南，有的三五成群相依相偎，有的远离群楼，孑然独立。这些格调统一的藏族民居依山势而建，每户门前都有大片的农作物、果树环绕，慢慢地就形成了美丽的山寨。从河谷到山脊，整个山寨依着起伏的山势迤

寨楼的屋顶

迤连绵，隐在田野之中、密林深处，与充满灵气的山谷、清澈的溪流、皑皑的雪峰一起，像田园牧歌式的画卷般展示在人们眼前，以一种艺术品的形态存在。

藏寨鸟瞰

寨楼是古碉式的建筑，旧称碉楼寨房。碉楼和寨房，原本是两类不同性质的风格建筑，如今，在时光的流逝中，二者已有机地结合在一起。外形上，既有寨房的特征，又有碉楼的形态。所有寨楼的顶层外缘都环围着黄、黑、白三种色带，这是嘉绒藏寨的一大特征。最独特之处是，房顶的四角耸立着分别代表四方神祇的四座白色小石塔，上插经幡，将

寨楼内雕梁画栋与悬挂的腊肉

屋顶装饰成半月形。每当春祈秋报，或者年节祭祖时，嘉绒人都要对着白石祭祀。

寨楼的墙都是用石头砌成，一般建造三层楼高，也有建四层的。底层是养牲畜的地方，二层为客厅和厨房，三层是住人的居室，顶层上设有小经堂。传统的屋顶以土坯筑成，现在许多人家已经使用水泥。屋顶就如露台，平时可以供一家人在上面活动，秋收季节又可以晒粮食。屋顶平台靠山方向有一个用白石砌成的鼎状物，上面置一陶罐，家中要办重要事情，或者有人将出门远行，就用陶罐祈福。

寨楼的现存形式，完整地保存了嘉绒民居的基本特征，如使用原始的材料、采用原始的技术、保持传统而古朴的风貌。虽然随着历史的不断发展，在局部发生了一些变化，但这些变化，一点也没有影响其传统风格和后代藏族风韵。2006年，甲居藏寨被中国的公众媒体评选为“最美的村寨”。

甲居藏寨不仅拥有秀美的自然风光，更拥有淳朴的乡土人情。藏寨的男女老幼皆能歌善舞，勤劳好客，不仅守礼而且有礼。在这里，您不仅可以品尝藏族的糍粑、酥油茶，又可欣赏具有浓郁民族特色的嘉绒锅庄舞。

天南海北的乡野风光

伴随着城市化的发展，人们习惯了从乡下往城里跑。而今，厌倦了城里的生活，人们又热衷往乡下跑。在他们眼里，因交通不便利而始终藏匿于一般游客视野之外的众多村庄，无一不是过目难忘的世外桃源、人间仙境。而一些离城市较近的村庄，也借近水楼台之利，以田园风光招徕了游客。

有这样一个数字：中国70%的旅游资源在农村。的确，中国广大的乡村拥有众多的美景，足以满足人们返璞归真的心理。

最美的乡村——婺源

婺源是江西省一个历史悠久的古县，与前文的西递、宏村同属古徽州。婺源生态旅游资源十分丰富，全县有林地面积2400平方公里，森林覆盖率达82%，素有“八分半山一分田，半分水路与庄园”之称。

婺源境内处处为景，犹如一个大公园，有“中国最美的乡村”之誉。在婺源，春可赏五色芳菲，夏可探清幽奇洞，秋可观漫山红叶，冬可访平湖鸳鸯。婺源保存了极为丰富的名胜古迹，江湾、李坑、汪口、思溪、理坑等许多保存良好的古村落，与青山绿水、粉墙黛瓦、飞檐翘角构成一幅幅恬静自如、天人合一的画卷。粉墙黛瓦的明清古建筑，飞檐翘

溪头乡江岭春季风光：满山遍野的油菜花与徽派古民居交相辉映、相得益彰，构成一幅优美的图画。

冬日的婺源，层林尽染，掩映着粉墙黛瓦，美丽的风景犹如一幅大师笔下的水彩画。

角的古民宅，加上古意盎然的石径和廊桥，与层层梯田相连，让人全然置身于水墨丹青之间。

婺源不但有风景如画的自然景观，更是人杰地灵之地，历来享有“书乡”之誉，有着鼎盛的文风。古有“山间茅屋书声响，放下扁担考一场”之风尚。自宋至清，全县考取进士550人，仕宦2665人，故历代名人辈出，“一门九进士，六部四尚书”，历代文人学士著作3100多部，其中172部进入《四库全书》。一方水土养一方人，百代文气造传世名流，如文学家朱弁，哲学家、教育家、理学大师朱熹，明篆刻家何震，清经学家江永、科学家齐彦槐、“铁路之父”詹天佑，现代医学家程门雪等都从这里走向全国，走向世界。

婺源的物产中外驰名。“四色”（红、绿、白、黑）是与“四古”（古

最近在清华镇洪村一处明末清初的古民居里发现的一幅由木雕、砖雕、石雕三种工艺完美结合的古老照壁。该照壁由外环、二环及内环三部分组成。外环由樟木雕刻而成，呈宽约15厘米的云盘状；二环由青砖雕琢而成，为梅花、玉兰、牡丹、莲花、桂花、梨花、菊花、桃花八种花叶状；内环由砖雕和石雕组成。

婺源春雨

村、古洞、古建筑、古文化）一样有着悠久历史和独特文化内涵的地方特色产品，红是“水中瑰宝”——荷包红鲤鱼，它肉嫩味美，具有食用、药用和观赏价值，被选入国宴；绿是婺源绿茶，它以“汤碧、香高、汁浓、味醇”等特色扬名天下；黑是“砚国名珠”龙尾砚，其“声如铜，色如铁，性坚滑，善凝墨”的特征广为世人所知；白是江湾雪梨，体大肉厚，松脆香甜，当属果中上品。此外还有甲路工艺伞、竹编、刺绣、木雕、根雕等民间工艺品。清华婺酒、赋春酒糟鱼、香菇、笋干、干蕨等特产，均为馈赠亲友的上等佳品。

傩舞表演

此外，婺源的民间艺术也十分丰富。典雅的徽剧是京剧的源流之一，古朴的傩舞被称为“古典舞蹈活化石”，甲路抬阁艺术享有“中华一绝”的美名，独具韵致的茶艺表演风姿迷人。

明清古建遍布的李坑村

北国雪乡——双峰林场

双峰林场又称雪乡，位于黑龙江省海林市，从海林西行前往要四个小时的车程。近年来，随着一幅幅让人痴迷的雪乡图景在国际上获奖，这里的名气越来越大。实际上，这里还是真正的林海雪原，小说《林海雪原》中描述的杨子荣智取威虎山、解放夹皮沟的故事就发生在这一带。

雪乡的地理位置独特，抬头是山，放眼皆是树。这里是

林海雪原

双峰小镇，近处为滑雪场。

红白松的故乡，原始红松母树林面积297公顷，平均有400年的树龄，树高平均30米以上，松涛轰鸣，雄浑苍郁。牡丹江最大的支流——海浪河发源于此，奔流不息。夏季进行漂流、露营、原始森林探险、山产品采集，冬季进行滑雪、赏雪、戏雪，观看专业滑雪队表演等活动，在此亦是一绝。

雪乡受山区小气候影响，每年秋冬开始，就风雪涌山，积雪深达 2 米，雪期也长达七个月，号称中国降雪量最大的地区。雪乡的闻名还缘于这里雪质极好，西伯利亚冷空气与日本海暖气流在这里交汇凝结成黏厚的白雪，雪质细腻，晶莹剔透，而且随物具形，堆积成一个个千姿

山脚下的院落

马拉爬犁

皑皑白雪随物具形，千姿百态，屋顶都成为圆弧形。

百态蘑菇状的雪堆，配上典型的东北民居，相得益彰。在这里，你不仅可以亲身领略到雪的妙趣，而且能够深切感受到与雪为伴、以雪为生的林场人和皑皑白雪之间那种纯粹而真挚的感情。

林场所在的双峰镇子很小，冬天来这里，你只能看到一条被雪盖住的街道。乡村的小路都是经过挖掘的，两侧堆砌着齐腰高的雪墙，很窄，弯弯曲曲地延伸，通向各家各户。镇上来往的交通工具除了拉木材的汽车外，还有爬犁（雪橇），马拉的狗拉的都有。双峰居民大多是林场工人及其家属，不过他们如今大多不再以伐木为生，而是悉心照管好自己的家园，恭候游客的到来。遇到外地人到此观光，居民们会热情地把客人带到自己的家中，吃纯天然绿色食品、住东北大火炕、乘狗拉爬犁。闻着雪后的山野气息，那淳朴浓厚的乡土人情浓得让你化也化不开。

雪乡的房子多是木格棂式的老房子，一场大雪过后，它们就像是从雪地里刚长出来的一株株矮矮胖胖的“雪蘑菇”，慵懒而立。老房子外面的小院儿，都是用木栅栏围起来的，线条简洁却不规则，如同炭笔画漫不经心的勾勒。当栅栏的木枝披上了银色外衣之后，则酷似一根根即将融化的奶油冰棍，和中间的“蛋糕”相映成趣。漫步雪乡，看着那些“雪蘑菇”“雪蛋糕”和“奶油冰棍”，仿佛置身于一座天然的“雪雕城”中。雪乡的夜景尤为美丽，淳朴的雪乡人在自家屋檐下挂起大红灯笼，洁白如玉的白雪在大红灯笼的照耀下，宛如天上的朵朵白云飘落人间，幻化无穷。

喀纳斯湖畔图瓦村

图瓦村位于新疆布尔津县，阿尔泰山深处的喀纳斯湖区，夹在两山之间，不宽的山谷，刚好供80多户人居住。图瓦人世代以放牧、狩猎为生，居深山密林，少与外界交往，一直沿袭着传统的生活方式。随着位于村子西北面的著名风景区喀纳斯湖的旅游开发，人们开始慢慢接触这个宁静美丽的村落。

图瓦人属于中国北方最古老的游牧部族之一。目前，喀纳斯村和与其邻近的禾木村共居住着2900多名图瓦人，他们使用的图瓦语属突厥语系，是中国现存的稀有语种。图

图瓦村

图瓦人射箭比赛

瓦人信仰藏传佛教而又多“萨满”遗风。在生活习惯上，图瓦人除欢度蒙古传统的敖包节外，还过当地的邹鲁节（入冬节）、汉族人的春节与正月十五元宵节。

图瓦人有语言但没有文字，因此没有留下自己民族的史志，当地的地方志上也很少有关于他们的记载。当地比较普遍的一种观点认为图瓦人是当年成吉思汗西征时留下的。从现在图瓦人的具体情况来看，他们的长相与蒙古人相似，而且服装服饰和生活习惯基本一致。在宗教信仰上，图瓦人和蒙古人现在都信仰喇嘛教，同时也都保留着一些萨满教的遗俗。大多数图瓦人都认为自己和成吉思汗有关系，图瓦人家家户户都挂有成吉思汗的画像。

图瓦人的房舍很特别，都是清一色的木头房子，方方

图瓦牧马人和他的马群

正正的木头小屋使得村庄看上去也显得有棱有角。房子外头还有一圈一圈的栅栏，整个村庄的景致和北欧的村落十分类似。图瓦村的背后，就是中俄边境上的友谊峰，山坡的顶端是雪峰，每天村庄在第一缕阳光下苏醒，山坡上金色的白桦林与山下悠然自得的牛羊相映成趣，木桥、流水、村庄、白桦和牛羊构成了这里最美丽的风景。

喀纳斯图瓦村与喀纳斯湖相互辉映，周围山清水秀，环境优美，构成了喀纳斯旅游区独具魅力的人文景观和民族风情。远道而来的游客不仅能够欣赏到神奇秀丽的自然风光，

图瓦人家

还能够探访当地土著居民图瓦人村落，领略图瓦人与众不同的民俗风情。“一年之中，七个月冬天，五个月夏天”，这是图瓦人常挂在嘴边的一句话。冬天，大雪将村庄与外界隔绝，喝酒成为生活的主要内容，有人曾作过统计，图瓦村人有一年喝了45吨酒。

喀纳斯地区唯一的学校——图瓦人小学

元阳哈尼梯田

元阳县地处云南南部，红河南岸。境内无一平川，全为山高谷深的切割中山地貌。梯田、云海景观壮丽，独具特色，素有“元阳梯田甲天下”之美称；36万多亩梯田遍布山山岭岭，其气势之磅礴，面积之广阔，堪称世界一绝。

哈尼族先民自隋唐之际进入此地区就已开垦梯田种植水稻。在此后1200多年间，哈尼族倾注了数十代人的心力，凭借惊人的智慧和毅力开垦成千上万梯田，并在大山上挖筑了成百上千条水沟干渠。条条沟渠如银色的腰带，将座座大山紧紧缠绕，大大小小沟渠中流下的山水被悉数截入沟内，这样就解决了梯田稻作的命脉——水利问题。元阳梯田一年四季皆有顶峰山泉自流灌溉，山民们根据不同地形与地质，使

蓝天白云下的梯田

层层梯田依山顺势、蜿蜒而上；他们还凭借“山有多高，水有多高”的自然优势，将终年不断的山泉水通过条条傍山水沟引入梯田，形成一个完全自流的灌溉网络。从上至下，元阳形成“森林—水系—村庄—梯田”四度同构的自然生态极为平衡的山地景区。

元阳梯田修筑在山坡上，梯田坡度在15度至75度之间。以一座山坡而论，梯田最高级数达3000级，这在中外梯田景观中是罕见的。

14世纪，这种把崎岖山地开垦成农田的技术传遍了中国和东南亚，哈尼人更把哀牢山这一带的山区变成了一幅幅“艺术品”。于是明朝皇帝给哈尼族人赐名“山岳神雕手”，这一美名便世代相传下来。

元阳哈尼族梯田从古至今始终是一个充满生命活力的大系统，今天它仍然是哈尼族人民物质和精神生活的根本。它是哈尼族人民与哀牢山大自然相融的天人合一的人类大创造，是历史文化与自然结合的产物。层叠的梯田，

每年春节过后，梯田开始注水，然后就要开始播种。水牛是主要的耕种工具，机械设备无法施展拳脚。

天梯一样沿着山坡直上云天。在云雾天气多的季节，山坡上大片的梯田在云雾笼罩下，就像从人间登上天堂的天梯，壮观神秘。

元阳全县世居哈尼、彝、傣、苗、瑶、壮、汉七种民族，是一个典型的多民族山区。以哈尼梯田文化为特色的各种民族文化异彩纷呈，民族风情浓郁，哈尼族“长龙宴”和“十月年”、彝族“火把节”、苗族“采花山”等民族传统节日绚丽多彩。

元阳哈尼梯田是稻作农耕文明的历史产物，是中国少数民族在漫长的生存和发展中逐渐积累的智慧结晶。群山中的哈尼人根据他们生存和发展的需要创造了梯田，在漫长的农耕劳作中探寻出了人与自然的和谐。这正是哈尼族梯田所蕴含着的深远内涵：顺应自然、天人合一。

茫茫森林掩映中的梯田

宝岛中心——台湾南投埔里镇

埔里镇位于台湾地理中心，居南投县北部，西北距台中61公里，南距日月潭17公里。这里不仅有优美的自然风光，更有独具特色的休闲农业。

为协助农友们抵御世贸组织（WTO）规则对农业的冲击，埔里农会新成立了旅游服务中心，实施了一乡一休闲农业园区的政策，利用埔里得天独厚的山水，将观光与农业紧密结合。他们一方面向游客提供高品质的深度农业之旅，一方面辅导农友们发展精致的、有趣味的休闲农业，大力行销具有埔里特色的农产品及其加工品。休闲农业改变了传统的农业生产方式，加强了农地及自然资源的利用，以“农业结合旅游”“农业结合教育”“农业结合休养”的方式，发展新的农地利用型服务业。休闲农业的开展产生资源的加乘效果，增加了当地的就业机会，活络了地方

园区花卉展销中心入口

指向昆虫馆的路标

经济，成为一项协助农民转型经营休闲服务业的创举。

在南投县埔里镇农会举行的一乡一休闲农渔园区开园活动中，除了举办传统歌谣演唱、家政及四健成果展、森林生态旅游暨自然保育活动等各项活动外，为了能让游客畅游整个园区，埔里农会更贴心安排了运行园区各景点的游园服务专车，提供个别游客搭乘前往八处由农民共同经营的景点游玩并采购农产品。此外，埔里镇农会积极推行策略联盟做法，和埔里镇内之天水莲饭店、埔里酒厂、台一生态教育休闲农园完成实质业务结盟，全力拓展传统农业的休闲与教育功能。

目前，埔里镇休闲农业的发展提升了农业的竞争力，创造了台湾地区的一个绿色奇迹。鼓励农民利用当地特有的田园风光和农村文化，让游客体会真正的农村生活，这不仅改变了传统的农业结构，也可以带动当地的经济发展和腾飞，对整体的社会发展具有很大的帮助。休闲农业的发展还可增加农民的经济来源，相对地也提高农民的生活水平。

埔里休闲农业的一个典型案例是台一生态教育休闲农园。农园位于南投县山清水秀、气候温和的埔里盆地内，占地面积共达10公顷。台一生态教育休闲农园凭借埔里镇丰富的农业资源和人文环境，以提供埔里地区农民蔬果及菜类种苗培育为主，大力开发农业旅游及科普教育资源。如今走进农园内，一块块的苗圃，植满五颜六色的花卉，连成一片花海，甚是壮观。农园内另有压花生活馆，除了展示美丽的压

← 921大地震后地面裂缝长出花草的地方，如今建起了花神庙。

青蛙造型的小木屋

花作品外，游客也可以自己动手做压花；教育农园则让游客认识到植物的生长过程，并提供栽种蔬菜的机会，让他们体会农家的生活。园区维护最自然的生态环境，开发建设尽量以不破坏生物栖息环境为原则。在园区绿色植栽选择上，多以种植本土植物为主，种类丰富的本土植物，这不只是一项特色，更是一场本土植物的飨宴。此外，为让民众能体验到农村的生活文化，园区内的设施设计包括农业生产的工具及设备，如水车、风鼓等，利用这些景观元素作为设施材料，增添了民众对农村文化的认同与情感。

园区内丰富的植物种类与生动的田园生活景观，为游客留下一段难忘的生态教学之旅。农园另提供给游客一个百分百闲情住宿选择——童话小木屋，斜屋顶的建筑、精巧的房间是其特色。童话小木屋也称为地震纪念屋，因1999年“921”百年大地震时，埔里的居民不管房子有无倒塌都不敢进到屋内睡觉，整个埔里地区到处都是帐篷族，为了给百年大地震留下纪念，园区内采用帐篷的样式盖了这12间的小木屋。

长岛渔家乐

长岛在中国版图上称为庙岛群岛(古称沙门岛)，简称长岛。长岛位于山东半岛和辽东半岛之间，黄海与渤海交会处，是山东省唯一的海岛县，共由32个岛屿组成，总面积56平方公里。全岛海岸线总长146公里，常住人口4.5万。长岛在历史上从秦皇汉武寻仙访道、乞求长生时，就享有“海上仙山，人间仙境”的美誉。长岛集山、海、岛、礁、洞、古迹于一体，融奇、雄、秀、险、神、迷于一身，尤在酷暑，环境清幽，气候凉爽，是旅游、度假、垂钓、绘画、探险的佳地，是消暑、纳凉、猎奇、探秘的仙境。2006年，长岛被评选为“中国最美十大海岛”之一，是著名的旅游度假胜地。

长岛是中国的四海福地，拥有“妈祖护海”“八仙过海”“张

休渔期的渔船与山上的风车

羽煮海”“精卫填海”四大神话及民间传说人物。自长岛开办渔家乐以来，游客到长岛可以吃百种海鲜、住渔家炕头、游岛岸风光、购称心特产、娱民俗风情。

长岛海产资源丰富，拥有“中国鲍鱼、扇贝、海带之乡”的美誉。1999年春，长岛县提出了以“吃在渔家，住在渔家，乐在渔家”的渔家乐活动创意，选择了一批住宿条件比较好的渔户，尝试推向市场，对外宣传促销，接待旅游团体。村里负责具体招徕、接送，渔户提供吃、住场所，经营业户严格按“渔家乐”项目的总体要求，提供吃、住、行、游、购、娱一条龙服务。经过不断完善和改进，渔家乐活动内容越来越丰富，已经逐渐趋向成熟。

现在的渔家乐活动主要内容包括：做一天渔民活动，亲身体验渔猎情趣。白天随渔船出海，在渔民的指导下，布网、下笼、捉螃蟹；环岛海上观光活动，一睹海天一色的美景；钓鱼岛钓鱼活动，享受自己动手的欢乐，海上用船、渔

渔家小屋

长岛海滨

海上的扇贝和海参养殖区

具等由房东提供；万鸟岛海上观光或者安排参观附近的其他旅游区点。

在渔民家吃饭，没有固定的菜单，菜品也依据客人的喜好而定，一般有八个热菜，包括鱼类、虾蟹类、贝类、肉类、蔬菜类等，独具渔民特色。房东还会为游客特别制作具有海岛特色的海菜包子，提供鱼浆、虾酱、海怪浆、海兔浆等特色海味，有兴趣的客人还可以与房东喝上两盅。

饭后茶余，可以看电视，唱卡拉OK，或者坐着马扎与房东天南海北地聊天。每天晚上7点钟左右，村里组织民俗表演活动，在街上舞龙、点燃篝火，载歌载舞，游客可以参与活动。

游客可以走访全村的任何一家渔民，可以在街头散步，可以到村外的海滨拾贝，可以到王沟村后边的山坡上观看那棵远近闻名的“祖宗树”，据说那是当年从云南移民过来时栽下的扎根树。

目前，长岛精心打造了“小康渔家”“渔家海上游”等渔家乐项目，蓝天、碧水、阳光、海滩和纯净的空气，以及海岛人淳朴、热情、豪爽的性格，共同营造了一个绿色、安全、健康的旅游目的地。

吐鲁番葡萄沟

吐鲁番的葡萄沟隶属于吐鲁番市葡萄乡，在新疆吐鲁番市区东北约15公里处，为火焰山西段的一个沟谷，因盛产葡萄而得名。

葡萄沟南北长约8公里，东西宽0.6～2公里，沟谷狭长平缓。沟谷两岸，悬崖对峙，崖壁陡峭，犹如屏障。沟内，溪流环绕，水质纯净。溪流两侧，葡萄架遍布，葡萄藤蔓层

马奶子葡萄

层叠叠，绿意葱葱。四周是茂密的白杨林，花草果树点缀其间，农家村舍错落有致地排列在缓坡上。

步行进入葡萄沟，犹如进入一个清凉世界。近百株碗口粗的葡萄藤爬在水泥砌成的架子上，爬满走道上的廊架，长着茂密的叶子和串串晶莹的葡萄。

新疆民谣说："吐鲁番的葡萄哈密的瓜，库尔勒的香梨人人夸，叶城的石榴顶呱呱。"这几句民谣道出了新疆有名的四个水果之乡，而四个水果之乡中吐鲁番独居榜首。吐鲁番盆地种植葡萄历史悠久，在国内外享有很高的声誉。据古籍记载，葡萄沟种植葡萄瓜果已有千年以上的历史。早在两千多年前，西汉张骞出使西域，就发现这里种植葡萄，并将其引入内地。《明史 · 西域使》说此地"有桃李枣瓜葫芦之

俯瞰葡萄沟

晾制葡萄干的“荫房”群

属，而葡萄最多”，《西域闻见录》记载吐鲁番“土产麦、谷、胡麻，而甜瓜、西瓜、葡萄种类最多，无不佳妙，甲于西域”。

维吾尔语称葡萄沟为“布尤鲁克”，意思是这里葡萄又多又好，是葡萄的故乡。这里主要生产无核马奶子、红葡萄、喀什哈尔、日加干、琐琐等13个品种的葡萄，其果实呈球形、卵形、椭圆形等，有的晶莹如珍珠，有的鲜艳似玛瑙，而有的绿如翡翠，这使葡萄沟成为一所天然的葡萄博物馆。尤其是这里生产的无核白葡萄，皮薄、肉嫩、汁多、味美，营养丰富，素有“珍珠”美称，其含糖量高达20%～24%，超过美国加利福尼亚州的葡萄，居世界之冠。

玫瑰香葡萄

用无核白鲜葡萄晾制的葡萄干，含糖量高达60%，酸甜可口，被视为葡萄干中的珍品，在国际市场上享有很高的声誉，被称作“中国绿珍珠”。

葡萄沟中部，靠东的山崖下有一块占地50多亩的葡萄园，这是1982年吐鲁番改革开放后为接待国内外游客而开辟的主要旅游景点之一。这里有小桥流水，参天古树，清凉甘甜的滴泉，明静的湖泊，相连成片的葡萄架，条条绿色长

维吾尔族姑娘在葡萄架下起舞。

品种繁多的葡萄干任您品尝。

廊，宽敞幽深的绿道，清静雅致的餐厅，琳琅满目的商品摊位，加工考究的旅游工艺品、纪念品等，掩映在葡萄架的浓荫之中。串串成熟的葡萄伸手可及，晶莹剔透，果香扑鼻。葡萄架下，维吾尔族民间传统舞蹈舞姿优美，维族姑娘还会热情地拉你一起起舞，尽情欢娱。好客的主人会端上新摘的鲜葡萄，让你尽情品尝。

人工引来的天山雪水沿着第一人民渠穿沟而下，潺潺流水声给葡萄沟增添了水的灵动，也灌溉了两面山坡上层层梯田，葡萄园连成一片，到处郁郁葱葱。来到吐鲁番，不到葡萄沟品尝葡萄的甜美和清凉，便不能领会吐鲁番火辣辣之外的那份清凉惬意。

浙江奉化滕头村

滕头村位于浙江省奉化市北部，距城区6公里，地处平原，属萧王庙镇。清《（光绪）奉化县志》始载这一村名，90%以上村民姓傅。该村土地平旷，村舍整洁，交通便利，民风淳朴，被联合国环境开发署授予1992年度“全球五百佳”环境保护单位称号。1997年，又被授予“全国环境教育基地”称号。

滕头村原是个被称为“烂污滕头”的贫困村，周围河道狭窄、田块零落，洪涝灾害连年不断。1949年，全村80余户，401人，以种植水稻为主。耕地近千亩，其中60%以上为

优美的环境吸引了大批城里人前来观光。

滕头村乡村嘉年华开游仪式之长桌饭。百米长桌，千人同食；尝五谷杂粮（高粱、荞麦、小米、玉米、稻米），品奉帮小点（米馒头、黄糯糕、麻糍、猪头年糕、臭冬瓜、烤菜等）。

游客在大棚内采摘草莓。

外村地主占有，属村民的（含宗产）仅三百来亩。

20世纪六七十年代，滕头人凭着“一犁耕到头”的精神，用“一条扁担，两只肩膀”，把原来1200多块高低不平、大小不一、常年涝灾的低产田，变成了200多块南北走向、大小划一、排灌灵便的良田，使农业生产走上了丰产优产的道路。

80年代，滕头人走遍千山万水，吃尽千辛万苦，使全村的工业由一家27人的小服装厂起家，滚动发展成今天拥有37家企业、4个工业区、年产值超过10亿元的滕头集团公司，跨

入全国最大经营规模、最高利税总额的乡镇企业行列。

90年代中期，渐渐富裕起来的滕头人更是自力更生，艰苦奋斗，注重可持续发展的理念，把滕头建设成为国家级的生态示范村，提前基本实现了农业和农村现代化。

在搞好物质文明建设的同时，滕头村加强了精神文明建设，形成了村风民风朴实、邻里团结、家庭和睦的良好社会风气。

在居住方面，滕头村拆除了“朴素、实用”的农家楼，统一建立起豪华、气派的小康别墅，让村民都住进宽敞、舒适的别墅，村民人均居住面积由40平方米提高到80平方米。村里还为每户人家投了医疗保险、社会养老保险等，解决了村民们的后顾之忧。目前全村没有一家贫困户，家家都是小康富裕户。

如今的滕头村结合旅游业发展和旅游景点开发利用，把生态环境和村庄建设紧密结合在一起。这里田园秀美，环境怡人，以江南风情园、将军林、盆景园、绿色长廊等几十处景点组成生态旅游；以植物栽培观光园、花卉苗木观赏区、蔬菜种子种苗基地、时令瓜果采摘等组成观光农业游；以纺纱织布、阡陌车水、舂谷砻米等参与项目和憨牛猛斗、温羊角力、笨猪赛跑、凤鸡争雄等动物表演组成别开生面的农俗风情游，呈现出一片人与自然和谐共处的美丽画面。滕头村坚持走“生产发展，生活富裕，生态良好”的文明发展之路，使经济、环境和精神文明建设继续协调、快速发展，成为生态型社会主义现代化新农村的典范。

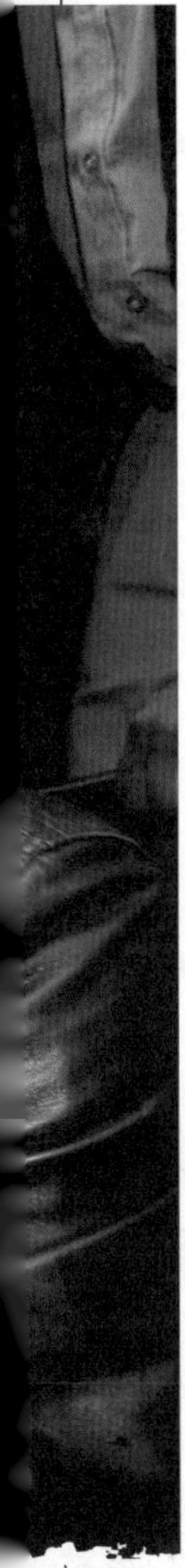

南非农业官员在蔬菜大棚内学习农作物人工授粉技术。

广西布洛陀芒果风情园

布洛陀芒果风情园位于广西田阳县百育镇百育村，距田阳县城5公里。国道324线从景区门前经过，南昆铁路横贯景区周边，交通极为便利。景区以芒果为主题，集芒果生产、农技推广、农业观光、休闲娱乐于一体的农业观光旅游，在提高群众科技知识、增加农民收入的同时，满足了不同游客的消费需求。

游客在芒果风情园尽情品尝水果。

诱人的田阳香芒

1985年田阳县作出了建立右江河谷芒果商品生产基地的战略决策，把发展芒果生产作为振兴田阳经济和群众脱贫致富的支柱产业之一来抓，制定连片开发计划，出台优惠政策，采取国营、集体、个人一齐上的方针，大力发展芒果生产。景区果园充分发挥政府引导、单位集体带头的作用，带动全县农民大力发展芒果生产，使田阳芒果种植规模达到13万亩，增加了农民收入，成为农民脱贫致富奔小康的重要途径。1995年，田阳建成全国最大的芒果生产基地县，同年4月，被农业部命名为“中国芒果之乡”。田阳香芒在1992、1995两年分别荣获第一届和第二届中国农业博览会同类产品评比银质奖（当年最高奖）和金质奖，被誉为“芒果之王”。

景区果园占地面积10560亩，其中芒果面积达8600亩，现

已开发3000多亩。园内有芒果、龙眼、荔枝等水果，其中，芒果品种达14个，特色品种有田阳香芒、红金煌芒、凯特芒等。景区按照“一园多庄”的规划，建有香芒庄、金穗庄、桂香庄三个大庄园，具有餐饮服务、会议度假、休闲娱乐等功能。壮族干栏式建筑特色的庄园点缀在郁郁葱葱的万亩果园

喜获丰收

金穗庄主楼

当中，在景区水库、鱼塘的映衬下，构成一幅优美的田园风光。芒果成熟季节，万亩果园硕果累累的丰收景象吸引着大量海内外游客前来游览观光。在园内不仅可以亲手采摘香甜的芒果，体验丰收的喜悦，还可以享受到垂钓、烧烤、骑矮马观赏果园等多种乐趣。主要游览项目和设施有香芒庄主楼观光、香芒庄娱乐、芒果文化廊、游客摄像区、摘果区、金穗庄主楼观光、水上度假木屋、烧烤区、垂钓区、茶趣馆、大型游泳池和水上娱乐、网球场、迷你高尔夫球场、民族歌圩广场等。

浓郁悠长的民俗文化

民俗文化是人类在不同的生态文化环境和心理背景下创造出来的并在独特的历史发展过程中积累、传递，演变成为不同类型和模式的文化。它不仅构筑了不同民族的文化心理，而且还构成了各民族独特的社会文化背景。中国长期处在农业社会，因此乡村民俗文化，包括节日活动、婚俗、民间工艺等，最能反映中国人的文化心理。

泸沽湖：神奇的东方女儿国

距云南丽江市中心200公里的泸沽湖像一颗晶莹的宝石，镶嵌在滇西北高原的万山丛中。在美妙绝伦的湖光山色之间，生活着国内外罕见的延续着母系氏族特点的摩梭人，其独特的“阿注”婚姻、自然而原始的民俗风情，为这片古老的土地涂上了一层神秘浪漫的色彩，泸沽湖因此被称为“神奇的东方女儿国”。

关于泸沽湖的由来，当地民间流行着这样一个古老、神奇的传说：格姆女神是一个聪慧美丽的姑娘，她不仅与周围的许多男山神有“阿注”（情侣）关系，而且与远方的男山神也有交往。有一次，一个远方的男山神来和她相会，但

湖面与里格半岛

她正与附近一个男山神幽会，远方来的山神急忙调转马头，马嘶鸣三声。格姆女神听到马的嘶叫声，便立即追赶远方男神，而远方男神走远了，只见山下踩出一个很大的马蹄印。女神赶到马蹄印边，天已启明，就站在马蹄印边动情地哭泣，泪水流满了马蹄印，变成现在的泸沽湖。远方的男神听到哭声，回头一望，万分留恋地撒了几颗珍珠和花种在马蹄洼的泪水里，于是变成了湖中的小岛。花种漂到边上，发芽生长，葱郁茂盛，年年开出杜鹃等数十种鲜花。

其实泸沽湖是由断层陷落形成的，其面积50余平方公里，湖水平均深度约45米。整个湖泊，状若马蹄，南北长而东西窄，形如曲颈葫芦，故名泸沽湖。泸沽湖的景色在一天中变幻无穷，四周山岭冈峦、洲湾堤岛或隐或现，湖岸曲折婀娜，逶迤伸延，无数大大小小冲积而成的扇形开阔沙滩，为游客提供了休息游玩的天然处所。

泸沽湖畔是人类母系氏族的最后遗迹。湖畔摩梭人中盛行男不娶、女不嫁的“阿注婚”，建立阿注关系的男女双方在生产、生活、财产上没有必然联系。“阿注”为摩梭语，意为“亲密的情侣”。“阿注婚”以情为主，结合自由，离散随意。摩梭人现行的婚姻形态有三种：

泸沽湖的出水口——草海，位于四川盐源县境内。

湖畔民居

阿注异居婚

所谓阿注异居婚，就是男不娶、女不嫁，男女终身各在各的母亲家，男子只是在夜晚到女阿夏家居住，清晨返回母亲家生产生活，这叫“走婚”。阿注异居婚所生子女属于女方家庭成员，随母姓，由女方抚养。生父与子女不在一个家庭生活，但有抚养子女的责任，也经常去看望和关心子女的生活和成长，并在逢年过节时捎去衣物和生活用品，子女也会到生父家去拜年。

阿注同居婚

阿注同居婚与异居婚不同之处在于，已结交成为阿注的男女双方不再是各居自己父母家的“早出晚归者”，而是同居在女方或男方家，共同生产生活，抚养孩子。这种情形是由于男女双方在长期异居走婚过程中，建立了较为深厚的感情，进而在各自的年龄已接近中年或因各自的母亲已去世而尽到了赡养老人的天职，了却了心愿才自愿组合而成的，因而其婚姻关系较为固定。如果双方在一起生活一段时间后，感情或脾气不适合再在一起，仍可以各自回母家生活。因为男女同居后并非自立门户、自谋生计、自行生产，而是共同生活在母系家庭内，财产也属家庭所有，所以无论男女，离异后都不能分走财产，孩子随父随母都一样。离异后的男女各自都有一个大家庭作经济后盾，因而没有后顾之忧，不会担心离异后的生活出路问题。

划船的摩梭女子

湖边的生活

一夫一妻制婚姻

在摩梭人中有20%的人实行一夫一妻制婚姻。13世纪中叶忽必烈率蒙古大军南下进入泸沽湖一带之后，在当地建立了封建政权，设有土官，驻扎军队，同时也传入了喇嘛教，在永宁和泸沽湖等地实行政教合一的统治，官吏则继续沿袭他们传统的一夫一妻制。还有加泽、托甸以及县城附近的堰口坝、瓦开等地的摩梭人，由于历史上造成与其他民族杂居并受其一夫一妻制的影响，也渐渐走向了一夫一妻制婚姻生活，但在其家庭中，仍保留着崇母尊舅的习俗，特别是母亲仍享有很高的社会地位。

“抢婚”在彝乡

彝族在中国50多个少数民族中，是一个人口众多、分布很广的民族，主要聚居地有四川凉山、云南楚雄和红河等地区。彝族因支系多，且居住地分散，青年男女结婚因地区差异而形式多样，但一般来说，都要经历相好、说亲、合婚、定婚、娶亲、结婚等几个过程。

彝族青年的婚龄一般在17岁以上。结婚时，男子须是双岁，女子为单岁。婚期大多选在五谷入仓、羊羔落地、大雁南飞的秋冬农闲季节或新春佳节时举行。婚礼举行之前，新娘要禁食一两天乃至数日，最后一天还要禁水，以免新娘

娘家用新毡银饰精心打扮新娘。

迎亲的小伙被女方娘家姑娘用锅烟抹成了大黑脸。

去婆家途中要上厕所。娶亲之前，新郎家先派两名称为“侠木”的男青年（一般是新郎的堂弟或表弟）送酒到新娘家，以示如期娶亲。新娘到婆家村寨后，不直接进入婆家居室，而是先到事先用新竹、松枝和竹帘搭成的“迎亲棚”内，寓新婚夫妇松竹长青、白头偕老之意。入夜（以天上出星星为准），新娘进婆家房门之前，人们用白蓝两色碎布串起的彩布条在新娘头上转一转，而后将布埋在桃李树下。新娘进入婆家房屋之后，由新郎的姐妹陪同，开始吃禁食以来的第一餐“过门饭”。这时新郎不能露面，甚至吃饭时也不能点灯。第二天（有的地区是当天），新娘与送亲者一道返回娘家。新娘返回娘家的第二天，新郎在同寨青年的陪同下，背着酒肉，赶着猪羊到新娘家回拜。再过数日，新郎家派人来接新娘，从此新婚夫妇开始夫妻的正常生活。

彝族认为，清水能驱恶除邪，送走妖魔，带来幸福。因

天不见亮，抢到新娘的男方小伙们便背上新娘上路。

婚礼上，姑娘们跳起了披毡舞。

婚宴上，宾客们畅饮坛杆美酒。

此，彝族新婚时一定要泼水，为能经受住这个考验，在迎亲时，男家选派去接亲的未婚小伙子，既要身体强壮，又要精明能干，既能招架泼水的受寒之苦，又能完成“抢走”新娘的艰巨任务。所谓抢，其实都是男女双方愿意、父母同意、媒人说好了的，抢婚只是一种娶嫁的形式。一般是男方家派出的人一边给女方家送彩礼，一边用毡子强行把姑娘裹走。这时女方家的人用假打的方式对付男方来抢婚的人，并把黑黑的锅灰抹在抢婚者的脸上。在滇南等地，抢婚的地点、时间都是事先约定了的，往往姑娘在田里劳动、在村边割草或背柴回家的路上就被抢走了。抢到的姑娘被直接领到男方家的堂屋。按当地彝族的风俗，女子到了男方家堂屋，就意味着正式缔结婚姻关系了，就不能再跑了。

陕北：朴素而又讲究的乡村婚礼

陕北的姑娘未出嫁之前叫女子，出嫁之后叫婆姨。陕北的小伙子结婚之前叫后生，结婚之后叫汉子。一般女子长到十七八岁，娘家人就要给她找个人家（找对象）。找人家的时候，首先看重的并不是他家有多少钱，有多少房产，而看其是否诚实，是否有上进心。后生看女子的时候就比较简单，长相说得过去就行，能不能操持家务也不重要，就看这个女子能不能跟自己一心一意生活。

接到了新娘，老汉乐呵呵地牵着披红挂彩的驴子上路。

一路吹吹打打，热闹非凡。

订婚仪式在男方家里举行。仪式比较简单，女方会派出一个长辈，一般是女子的父亲，和女子一起到男方家里参加。男方也不会大张旗鼓，只是请几个特别近的亲戚来参加，比如后生的舅舅、姑姑、姐姐或是非常要好的朋友。大家聚在一起，双方互相引见，然后在中午时分摆下筵席，吃一顿饭，男方给女方彩礼，就算结束。

陕北婚礼一般在冬天举行。冬季，地里的农活结束了，大家比较闲；另外，一些地方交通不便、经济落后，蔬菜、鱼肉、鸡鸭等在冬天不易坏掉，可以放上好长时间。

整个婚礼的过程需要三天，分为女子出嫁和后生娶亲两

窑洞前的空地上，婚礼正式开始。

沿途的乡亲们纷纷来看热闹。

到婆家了，新郎抱起新娘入洞房。

个部分。婚礼的规格以吃饭的顿数为准，一般情况下要吃四顿饭。

婚礼之前，男方先要到女方家里去商量，向女子的家长正式提出迎娶女子要求。有时是女方提出让男方来迎娶，理由一般是女子大了，为避免一些麻烦的事情发生，就让对方把她娶走。双方商量妥了，男方就回去看日子，选一个黄道吉日，做好一切准备，正式迎娶女子。在后生一方看好的日子之前两天，女子出嫁就要开始了。这一天，女子先要到离自己家较远的人家去住，不能再回到自己家中，吃饭也要别人给送去，在陕北叫“离门”，即离开自己的家门。到了晚上，后生家娶亲的人到了，会给女子带来穿的衣服、戴的首饰以及一些生活日用品。第二天，女子会穿上那些衣服、戴上那些首饰，将自己里里外外打扮一番，等着娶亲的人将自己娶走。

后生家娶亲的成员一般要四人或六人。一个是老主家，一般是后生的叔伯，代表着后生家的意见，主要负责钱物的交代，和一些杂七杂八的事情。一个是打前站的，一般是后生的舅舅，负责向后生的家人报喜。有时候，后生家还会雇用一班鼓手到女子家里吹吹打打，渲染气氛。娶亲的场面非常热闹，唢呐吹得热烈，鞭炮的声音噼噼啪啪，人们的脸上洋溢着喜悦的笑容，娶亲的人向女子的亲戚朋友发着喜糖和香烟。

以前，交通不太发达，娶亲一般是男方赶一头驴，让女子骑驴，其他人步行。后来改为用四人抬的轿子迎亲。现在经济条件好了，大多数人娶亲都用婚礼车，修饰得很喜庆，而且车的档次也越来越高。

南方各地：五月端午赛龙舟

赛龙舟，是南方端午节的主要习俗，相传起源于春秋战国时期。楚国人因贤臣屈原（前340—前278）投江，划船追赶相救，争先恐后，追至洞庭湖时不见踪迹。此后每年五月五日人们都要借划龙舟驱散江中之鱼，防止鱼吃掉屈原的身体。竞渡之习，因此盛行于吴、越、楚。

关于赛龙舟的起源，还有另一种说法。在原始图腾社会，人们尊奉想象中的具有威力的龙作为自己的祖先兼保护神（即图腾），而居住在水乡部落的人民，为了抵御蛇虫、疾病的侵害和水患威胁，就把船建造成龙形，画上龙纹，每年端午举行竞渡，以表示对龙的尊敬，也说明自己是龙的子孙、龙的传人。

赛龙舟除去是为了纪念屈原，在各地人们还赋予了不

屈原故里——湖北秭归每年端午节都举行大规模的龙舟赛。

同的寓意：在广西，赛龙舟又叫扒龙船，是群众喜爱的民间体育活动。而江浙地区的赛龙舟，则兼有纪念当地出生的近代女革命家秋瑾的意义。夜龙船上，张灯结彩，来往穿梭，水上水下，情景动人，别具情趣。贵州苗族人民在农历五月二十五至二十八日举行“龙船节”，以庆祝插秧胜利和预祝五谷丰登。不同民族、不同地区，划龙舟的传说有所不同，直到今天在南方的许多临江河湖海地区，每年端午节都要举

福建泉州泉港区一年一度以村组为单位的端午赛龙舟

贵州三都县都柳江一带的侗族人每逢节日都要赛龙舟。

云南省西双版纳傣族泼水节赛龙舟

行富有自己特色的龙舟竞赛活动。

台湾开始有龙舟竞渡是始于清乾隆二十九年（公元1764年），现在台湾每年五月五日均举行龙舟竞赛。香港也有竞渡之举，英国人亦仿效中国人做法，组队参加竞赛活动。此外，划龙舟也先后传入邻国日本、越南等国。

龙舟赛往往吸引无数游人，河岸两边人山人海，欢呼声、雀跃声、鞭炮声、锣鼓声响彻云宵。竞赛活动，村、镇、县等都可举办，有的地方还以举办“龙舟节”进行联谊、招商活动。为了更好地发展这一传统节俗，国家体育总局组织成立了中国龙舟协会，并每年定期开展全国龙舟月活动。在中国龙舟协会的组织领导下，国内赛事和国际赛事相结合、竞技龙舟和传统龙舟相结合，使得龙舟月的比赛精彩纷呈。从南方到北方，从农民到大学生，龙舟月活动涉及的范围更加广泛。

中原社火

中原社火，是春节期间民间的自演自娱活动。它来源于古老的土地与火的崇拜。社，即土地神；火，即火祖，是传说中驱难辟邪的火神。在以农业文化著称的中国，土地为人类的生存发展奠定了物质基础；火，是人们熟食和取暖之源，也是人类生存发展必不可少的条件。远古人们凭着原始思维认为火是具有特殊含义的神物，而加以崇拜，于是形成了尚火观念。古老的中原人民对土地与火的崇拜，产生了祭祀社与火的风俗。随着社会的发展，演变到现在，社火则成了各地节日喜庆的大型群众文艺活动，成为意在祈求风调雨顺、五谷丰登、国泰民安的民间娱乐活动。

中原的民间社火历史悠久，在河南浚县一带可追溯到公元4世纪的东晋后赵时期，历经唐宋的发展，在明清时期得以成熟。中原社火作为群众性传统娱乐活动的一种表现形式，丰富了人们的文化生活，对民间文

河南浚县社火表演——背阁

河南嵩县农民表演社火绝技——“抬装”。

化、民俗文化的发展也是一种有力补充。

每年春节前后，是中原汉族地区民间传统游艺活动的高潮。尤其是春节过后，正月初十到正月十五期间，人们走完了亲戚，三村五寨便有了充裕的时间来耍社火了。

一般在耍社火期间，一个村里分为几个社，也可和他村的社结合起来。社火的经费在大家自愿的基础上募捐筹集，社火头儿负责统一支配耍社火的人力、物力、财力。

耍社火一般在野外的空旷地举行，社火经过的地方，都会有人家出来鸣放一挂鞭炮。社火的主会场一般都是露天舞

台，方圆十里百里的人们在这里会聚。

要社火出场仪式非常隆重，在鞭炮与锣鼓声中，最先出场的是打场子的“遛马子”，在人山人海中为社火打开一条通道。锣鼓节奏强烈明快，场面壮阔，锣鼓队构成了整个社火的灵魂。队伍中的鼓手，更是社火队伍的指挥家，他可以自由地控制节奏。

社火中最高难度的芯子，通常是在一个专用的桌子上固定一根2～3米甚至更高的钢筋，用彩纸在上面做出棉花、果树、云朵、老虎、猛兽等各种造型，然后按其内容将男女儿童（通常年龄4～5岁）装扮成戏剧人物站立顶端，其惊险程度不亚于杂技。

彩车表演一般是卡车经过精心装扮，让演员扮演历史人

除了中原，社火在西北农村也很盛行。图为青海塔尔寺社火的高跷队表演。

河南浚县社火表演——大型翘翘杠

陕西洋县社火：用上了现代交通工具。

物或现代人物，形成一个故事的组合。彩车表演的服装、道具、节目等等都是由一些有经验的人事先筹备和策划的，各组村民可根据自己的特色，出演不同的节目。

目前中原社火内容丰富，形式多样，踩高跷、划旱船、玩狮子、挂灯笼等活动遍布中原大地。据统计，中原地区约有锣鼓类、秧歌类、车船轿类、阁跷类、灯火类、模拟鬼神类、武技类等200多种庆祝形式。

潍坊杨家埠年画

山东潍坊杨家埠木版年画，是中国民间艺术宝库中的一朵奇葩，其浓郁的乡土气息和淳朴鲜明的艺术风格驰名中外。

杨家埠村是中国民间木版年画三大产地之一（另两处为天津杨柳青、苏州桃花坞）。数百年来，杨家埠木版年画按照农民的思想要求、风俗信仰、审美观点、生活需要逐步发展完善，形成了自己古朴雅拙、简明鲜艳的风格。

杨家埠木版年画历史悠久，早在明朝时这个村就“家家印年画，户户扎风筝”。建于明崇祯十三年（公元1640年）的“吉兴号”年画作坊，面积239.4平方米，房屋11间，保存完好，为省级文物保护单位。清代乾隆年间，是木版年画商

杨家埠的村标

杨家埠年画之门神

品化高度发展的繁荣昌盛时期。在此后一个半世纪里，杨家埠“画店百家，年画千种，画版数万”，成了全国三大画市之一。

杨家埠木版年画的题材极为广泛，形式多种多样。主要有：祈福迎祥、消灾除祸；美女娃娃、吉祥欢乐；人情世事、男耕女织；小说戏曲、神话传说；山水花卉、飞禽走兽；还有些以实用为目的，服务于人们的现实生活。杨家埠木版年画现已成为促进国际间文化交流、吸引国外客商游人、发展潍坊外向型经济的纽带。

杨家埠民间艺术大观园位于山东省潍坊市寒亭区西杨家埠村，是国家AAA级旅游景区。景区建于1986年，占地240亩，是集休闲娱乐、民间艺术制作、展示、参与为一体的山东省千里民俗旅游的重要景区。园内设有杨家埠木版年画艺术、杨家埠风筝艺术、杨家埠古店铺街民间文化艺术、郑板桥文化艺术四大展示区，28个景点。在这里，可以详细了解

新年临近，家家户户忙着赶印年画。

杨家埠木版年画的历史和延续了600多年古老独特的年画雕版、年画制作技艺；可以全程参观杨家埠风筝的传统制作和风筝精品展示，感受“纸花如雪满天飞”的风筝放飞场景；可以尽情享受剪纸、红木嵌银、泥塑、面塑、景泰蓝、根雕等民间工艺的艺术魅力；可以领略“板桥遗风，江北独秀”的板桥文化的风骨和神韵。饱经沧桑的明代古槐，风格独特的明清建筑，深静的农家院落，威严的大门神，独具特色的年年有“鱼”，高大的福禄祷照壁，古老纯朴的民俗风情，吸引着众多的中外游客前来参观旅游。

杨家埠民间艺术大观园是民间艺术的殿堂，如今这里已

中国邮政发行的《杨家埠木版年画》邮票

威风锣鼓敲起来，
欢欢喜喜迎春节。

是国内外游人旅游享受民间艺术的圣地，游客观赏游览后都给予了高度的评价与赞赏。景区先后被授予“全国农业旅游示范点”“全国56个最具民族特色的景区”“山东省旅游休闲场所十佳品牌”“山东省农业旅游示范点”。杨家埠木版年画、风筝被国务院确认为首批国家级非物质文化遗产，杨家埠风筝被确认为“山东省著名商标”品牌。

上海金山农民画村

金山农民画村生态休闲园位于上海市金山区枫泾镇中洪村。该村北与青浦练塘接壤，东与松江新浜相连，西与浙江嘉善相邻，是“中国历史文化名镇”——枫泾镇的一个行政村。

中洪村是金山农民画的发源地。20世纪60年代，金山地区的农民画家们珍视自身的审美价值，摆脱美术学院的创作模式，潜心创作，矢志不渝，共同培育出了这朵民间艺术奇葩——金山农民画。该村一批农民把民间印染、刺绣、木雕、灶壁画等古老艺术巧妙地运用到绘画中，以江南农村多姿多彩的生活习俗和热火朝天的劳动场景为题材，用朴实的手法，创作出了一幅幅散发着泥土芬芳的农民画。1980年《上海金山农民画展》在北京中国美术馆开幕，轰动京城。同年，金

金山农民画村——中洪村

画家正在创作农民画。

山农民画走出国门，先后在几十个国家和地区展出，名扬世界，被誉为“中国最优秀的民间艺术”。2000年，全国农民画联展在枫泾举行，盛况空前。2006年2月，金山农民画被列为“中国元素”之一。同年，中洪村因村级经济强大，民间艺术灿烂，被中国村社发展促进会命名为“中国特色村”。

金山农民画村生态休闲园总规划面积4500亩，分“丹青人家”“枫泾人家”“水上人家”“菜园人家”“稻香人家”五个景区。已建成的“丹青人家”占地100亩，是枫泾生态休闲园的核心区。这里既是艺术的圣地、创作的乐园，又是休闲娱乐、放飞心灵的“世外桃源”。走进金山农民画村，游客们可亲眼见到中洪村著名的农民画家们创作、装裱农民画的全过程，欣赏到金山农民画的精品佳作，选购到经过认证的农民画原作。

金山农民画村民风淳朴，风景如画。小桥、流水、水车、草棚、菜园、鱼塘、打谷场等典型农村景物增强了画村

农民画作品——新娘子织布

金山农民画在古镇枫泾的居民楼墙壁上随处可见。

的乡土气息。进入画村，游客既可观赏农民画家创作，也可自己执笔挥毫，还可在展示中心参观农民画精品新作。在这里，可以品尝到原汁原味的农家菜，选购到时令新鲜的农家产品；还能与咿呀水车、竹篱茅舍、菜园池塘、果林修篁亲密接触。

金山农民画村是农民画创作的新基地、展示的新舞台，是中国乡村游的新亮点，展现出了新世纪中国农民新的风采。

枫泾镇里的金山农民画馆

泥塑之乡——陕西凤翔六营村

陕西省凤翔县是中国著名的泥塑之乡。凤翔彩绘泥塑历史悠久，始于先秦西周时期，流传民间三千年之久，是至今中国保留最古老、最具民族特色的泥塑类手工制品。如今，凤翔彩绘泥塑的主要产地在以古代军队单位命名的六营村。

传说元末明初，朱元璋（1328—1398，明朝开国皇帝）的第六营兵驻守在今天的凤翔县六营村一带，而军中的士兵大部分是来自“瓷都”景德镇的江西老表，后来就地落户为民。他们都会制陶手艺，在农闲时做些玩具和礼品出卖，久而久之，这类民间工艺便流传下来，六营村亦成为远近闻名

六营村泥塑艺术家胡深老先生和他的作品

村民冬天坐在被窝里加工泥塑。

的"泥塑村"。

六营村泥塑用当地独有的白土作坯，采用传统的手工工艺制作。在色彩运用上，以红、绿、黑为主色，色彩对比明显。泥塑作品形态不一，通过花鸟虫鱼、祥禽瑞兽为主的意象造型，把农民追求安宁祥和、洪福吉祥的生活气息强烈地展现出来。六营村泥塑渗透着中国北方农村以求生求福、趋利避害为主题的吉祥文化，巧妙地集大俗与大雅为一体，并因此赢得了市场。

以前，泥塑只是当地农民在农闲时创作的民间工艺品，它给枯燥的农闲时间增加了一些生活的情趣。村民也曾用架子车拉着泥塑走村串巷叫卖，以换取微薄的收入。而今，许多村民把泥塑创作变成了主业，并以此致富。走进六营村，处处可从敞开的大门看到院子里摆放着泥塑的

正在创作中的泥塑猴

半成品。六营村480户中有80户左右的村民从事泥塑产业，泥塑产品年产量35万件，而定单已高达100万件。去年全村人均纯收入2900元，其中泥塑收入占到了70%以上。

中国邮政发行的“福寿猪”邮票

曾经，泥塑因为是空心泥制品，在运输过程中极易破碎，从而阻碍了销路。1997年，打工回乡的胡新明在六营村创办了一家小型的凤翔泥塑加工厂。他通过不断地摸索实践，在白土中按比例加入糯米、棉花、陶胶等材料，增强了泥塑的抗撞击能力，使其不易摔碎。这样的更新换代为泥塑远销海内外扫除了障碍，让凤翔泥塑获得了新生。泥塑产品种类迄今已发展为120多个品种。2002年和2003年，胡新明创作设计的“平安马”“富贵羊”“福寿猪”等泥塑作品连续两年被中国国家邮政总局邮票设计司确定为生肖邮票主图案。胡新明也被联合国教科文组织授予“中国民间艺术大师”称号。

针对产业化未普及、家庭作坊式生产仍然盛行的现状，胡新明提出了“小作坊的特色，工厂化的规模”的凤翔泥塑产业发展思路。胡新民联合六营村多家泥塑生产户，由他统一提供泥塑模具、和制泥坯的配方及各种生产资料，生产户进行统一生产，他负责泥塑的设计和销售。这种整合让凤翔泥塑走得更远。

新农村的新气象

随着城市化的加速，中国的农村日益显得落伍了。为了彻底改变广大农村的落后面貌，中国政府提出了建设社会主义新农村的规划。一些村镇依靠工业化、乡村旅游等手段，在发展现代农业、改善聚居环境方面走在了全国的前列。

四川郫县农科村农家乐

“农家乐”旅游是一种新兴的旅游方式，它综合利用农业经营活动、农村活动、田园景观、农村文化及农家环境等资源，实现城乡互动，是一种追求健康、回归自然的新型休闲模式，具有很强的参与性。“农家乐”旅游是以农业、农村、农事作为其主要发展载体，其重点在于一个“农”字，突出了原汁原味的农家风味。“农家乐”旅游让游客吃的是有地方特色的农家风味餐，住的是青瓦木屋的农家房舍，玩的是乡村民间的文艺节目。游客体验的不仅是一次旅游，而且是一种收获、一种经历、一种文化。“农家乐”的兴起，是城乡消费方式改变的一种新的现象，是农村新的经济增长

墙上的农家乐绘画

竹林中的农舍

点，很好地拓宽了劳动力转移渠道，增加了农民收入，满足了城市居民休闲需求。

中国“农家乐”旅游发源地是四川郫县的农科村，东距成都市区18公里。第一家“农家乐”是农科村的徐家大院。1987年，农科村家家都栽花种草，房前屋后布置得特别漂亮，引得省内外众多单位前来参观，村民徐纪元的新房当时就被政府作为众多参观者的指定接待点。这激发了当时友爱乡党委书记杨守成将农科村建成“农家公园”的灵感，即对外是公园，对内则是农民的生产生活场所。农科村从徐家大院第一家搞农家旅游接待开始，走出了一条农家旅游发展的新路子，并且影响带动了周边更大范围内农家旅游的发展，吸引了大批城市人来此游玩踏青。穿竹林、走石径、过小桥、观花木盆景、吃农家饭菜，红红火火的“农家乐”旅游就这样从这里开始了。花木美化了环境，环境带动了旅游，旅游促进了生产。在20世纪90年代最火的时候，农科村“农家乐”便多达102家，农科村也一度成为成都农家旅游的代表：“吃农家饭、品农家菜、住农家屋、干农家活、娱农家

乐、买农家品。”

目前，面积已扩大10倍、达到近4000亩的新农科村编制了改造建设总体规划及产业布局、景观风貌等专项规划；已改扩建等级旅游环线公路13公里，完成8.5公里的供水、供气、排污等管网建设和6.8公里旅游干线的绿化、亮化、美化等景观营造。农科村正努力打造成经济繁荣、功能配套、环境优美、生活殷实、文明和谐的社会主义新农村典范。

休闲长廊

在开阔的环境中尽享休闲

京郊首富韩村河

韩村河村位于北京西南40公里处，有“京郊第一村”的美誉。村内有一幢幢欧式、美式、古典式的别墅和多层住宅楼，有技术先进、管理科学的绿色食品基地，有京郊规模最大、设施最好的村办公园，有京郊第一所村办大学教学楼，有京郊第一家村办旅行社……韩村河已成为社会主义新农村的典型代表。

韩村河，曾被称为“寒心河”。“低洼臭水沟，水来一片洋。晴天尘土飞，雨天烂泥塘。灾荒年年有，野菜半年粮。冬天少棉衣，住着破土房。年年盼安康，何日好时光？”这是韩村河昔日穷困的真实写照。1978年，村党支部书记田雄利用村里泥瓦匠多的优势，成立了韩村河建筑队。经过20多年的艰苦奋斗，韩村河建筑队后来发展成为国家一

鲁班公园

村民别墅

级资质的大型建筑企业集团——北京韩建集团。在发展建筑业和工业的同时，田雄和他的同事们始终没有忘记农业的基础地位。几年来，集团累计为农业投资上千万元，拥有先进农业机械近百台，2000亩粮田，从种到收实现了全过程机械化作业，常年从事农业生产的只有20多人。从1992年起，韩村河粮食产量连年亩产过吨，并连续四年被房山区政府评为“十佳规模农场”。

集体经济的发展，使村民的生活从根本上得到了改善，各种现代化的生活用品在村民家中一应俱全，“日出而作，日落而息”和“脸朝黄土背朝天”的传统生产生活方式已经为充满现代气息的田园都市生活所替代。村内建起了518栋风格各异的别墅楼和21栋多层住宅楼。贫穷落后的“寒心河”成了公共设施齐备、各项事业蓬勃发展、家家住楼房别墅、人人安居乐业的社会主义新农村。

在工农业并重的同时，韩村河还积极推广旅游事业。大批来自美、德、日、泰和香港等地的游客前来吃农家饭，住

韩村河学生乐队

农家别墅楼，参观社会主义新农村，欣赏烟花夜景，与韩村河村民一起过大年。

老人节晚会

龙井茶的故乡——龙井村

龙井村因盛产顶级西湖龙井茶而闻名于世。西湖龙井为中国十大名茶之首，有“绿茶皇后”之称，按产地分为狮、龙、云、虎、梅五个品类。长期以来，西湖龙井茶已成为礼尚往来的礼品茶、友谊茶，在国际交往中成为友谊的桥梁和纽带，在国宴茶话会上更是清廉的象征。

龙井茶多种植于靠山近水，晴天能受到充分日照、雨天又易于排水的酸性丘陵坡地上。龙井村一带土地肥沃，周围山峦重叠，林木葱郁。良好的地理环境、优质的水源，为茶叶生产提供了得天独厚的自然条件。得益于这山泉雨露之灵

村里的古牌楼

龙井村与其后山上的茶园

旭升樓
旭日重光龍獻
升樓更彩并呈才

开茶节上的锣鼓队表演

气，龙井茶被誉为“中国第一茶”，以色绿、香郁、味甘、形美四绝著称。

龙井村位于杭州西湖风景名胜区内，东临西子湖，西依五云山，南傍滔滔东去的钱塘江，北抵插入云端的南北高峰，四周群山叠翠，云雾环绕，就如一颗镶嵌在西子湖畔的翡翠宝石，是典型的“景中村”。村内旅游资源丰富，御茶园、胡公庙、九溪十八涧、十里琅珰、老龙井等景点点缀其中，为茶乡增加了浓郁的文化氛围。

西湖龙井茶区文化遗存丰富。龙井村在社会主义新农村建设中坚持“最小干预、原汁原味、生态优先”的原则，尊重农民意愿，尽可能采取就地整治、保留原貌的方式。整治后的龙井村集中国泉文化、茶文化、佛教文化于一体，山水之胜、

茶品拍卖

林壑之美尽显，重塑了龙井村山涧溪流景观，再现了茶乡农居峰回路转、溪泉相伴的山地景观风貌。建筑主体精美古典，是游人赏景茗茶、寻古访今的佳处。

龙井村房屋建造依山就势，高下不一、错落有致。农家茶楼白墙黛瓦，风格别致；村内道路整洁，风景如画，游人如织。原本的平顶改成了由小青瓦铺设的坡顶，门窗采用木窗和烤漆铝合金门窗，建筑外墙也都重新上色，统一颜色风格。村口高高地竖起了一块宽7.9米、高10米的木制牌坊，匾额上写“龙井村”三个大字。另外，为方便游客，村内还设立了四块导游牌，用四种文字向游人介绍龙井村的历史、景点和公共设施。这一系列设施的完善，使龙井村成为西湖风景区内一个更具魅力的景点。

共同富裕的典范：华西村

江苏省江阴市华西村是坚持社会主义共同富裕和社会主义新农村建设的典范，其美丽的江南田园风光和富足的农村生活是令外人最感兴趣的两大看点。这块美丽富饶的土地既是吴文化的发源地，又是近代民族工商业和当代乡镇企业的发祥地，被誉为“天下第一村”。

华西村最初不过0.96平方公里、1500余人。1969年村民吴仁宝偷偷办起的小

华西村金塔

五金厂，被视为华西村富裕的起点。华西村从当初负债2.5万元起步的江南穷村，到如今经济总量超过300亿元，成为下辖九大公司、60多家企业的“华西村集团”，这不能不说是一个经济奇迹。

华西村一直坚持走“集体经济，共同富裕”的道路。华西村的老书记吴仁宝没有把集体经济当作一成不变的教条，而是在不同的政治环境下，从华西村的实际出发，创造性地走出了一条发展集体经济的路子。“二八开”原则被吴仁宝称为农民自己的资金积累方式，一直延续至今，意即每年奖金的两成分给个人，八成则留在集体作为股份，这部分股份只能分红，不能支取。按照其奖金“二八开”的原则，华西村愈加发展壮大，并能一直保持着集体经济的绝对控股。在全国“并乡并村”的行政政策下，2001年6月开始，到2004年9月，华西村共合并周围16个村庄，人口扩至3万，面积30平方公里。吴仁宝当时提出一个“一分五统”的思路：与华西村合并的16个村的村委会仍由本村选举，实行自治；而经济统一管理，干部统一使用，劳动力统一安排，福利统一发放，村建统一规划。照着这个思路，16个村庄被成功纳入新的大华西村共同发展。到2005年，华西村实现销售收入307.8

华西村丞相桥

华西村农民家家住别墅

亿元，村级集体资产达到113.9亿元，人均收入6.5万元。

“物质精神双富有，才是真正的富有”，华西村坚持一手抓经济发展，一手抓以德依法治村，在家家别墅、户户轿车的基础上，让村民“既富口袋，又富脑袋”。20世纪90年代，华西村成立了独一无二的“精神文明开发公司”，老书记吴仁宝亲自编写了“村歌”“十富赞歌”“十穷戒词”，在全村开展“六爱”（爱党爱国爱华西，爱亲爱友爱自己）教育，尤其强调“孝悌之道”，全村尊老爱幼蔚然成风；90年代末，华西村创建了华西特色艺术团，被国家领导人称为“中国农村第一团”，如今观看华西特色艺术团的演出已成了人们一道精神大餐。同时，根据不同时期华西经济社会发展的需要，村里先后树立了“八仙过海”“三请诸葛亮”“牛郎织女”“孔子像”等雕塑，用传统优秀文化教育村民。目前，华西村里有书场、球场、溜冰场，有歌厅、舞厅、影剧院，各种文化娱乐设施配套齐全，村民的业余文化生活丰富多彩。

华西已成为国内外人士认识中国农村的窗口。从1994年对外开放以来，每年近百万中外游客到华西参观、访问、旅

农民公园

游，村民们则用传统的馄饨、团子、方糕、粽子和土婆鱼炖蛋、韭菜炒螺丝肉等农家风味的食品热情相待。

生态民俗新村：留民营

留民营民俗旅游村位于北京大兴区长子营镇境内，距市区 25 公里，交通十分便利。全村占地 146 公顷，现有农户 242 户，人口 861 人，共有民俗旅游户 98 户，其中市级民俗旅游接待户 26 户。

几年来，留民营凭借其优美的生态环境、独特的生态模式和民俗风情文化，成功塑造了“中国生态农业第一村”的

游客参观有机蔬菜示范区

↗ 各国游客在留民营生态度假村学习包饺子。

↘ 体验一把推碾子。

前联合国秘书长安南参观留民营生态农场。

品牌，为世人瞩目。特别是 2003 年，留民营成立了民俗旅游办公室，加大了宣传促销力度，规范管理旅游接待服务，制定了民俗旅游接待制度、导游接待服务制度和旅游安全防范制度；对民俗户实行统一管理，分散经营；对景点和民俗旅游接待户做到定期检查，为民俗户提供无偿服务。同时，培训导游、解说员、业务员，组织民俗旅游户外出参观学习，举办文明服务培训班，为挂牌户办理营业执照，在网上发布宣传生态农业和民俗旅游观光信息及策划各项活动。

留民营被联合国环境规划署授予“全球环保五百佳”称号，是著名的中国生态农业第一村，开展生态农业观光已有20年的历史，吸引了世界138个国家和地区的游客。留民营逐渐形成了以生态游、民俗游为最大特色，以餐饮、娱乐、健身为载体，集种植、养殖、采摘、垂钓、烧烤、住宿、农业观光为一体的高科技民俗旅游度假村。留民营旅游景区由五区、两园、一中心组成：高科技有机农业示范区、无公害有机蔬菜示范区、国际生态农业学术研究培训中心、民俗旅游观光区、沼气太阳能综合利用区、生态庄园、农业公园和美食会议娱乐中心。

西柏坡红色之旅

西柏坡坐落在河北省平山县境内，曾是中共中央和解放军总部所在地，如今是中国最著名的红色旅游目的地之一。

西柏坡是个冀西山区滹沱河北岸的小山村，这里不仅风光秀丽，而且水土肥美。她位于平山县中部，正处于华北平原和太行山交会处。西柏坡被选为解放全中国、筹建新中国的指挥中心，得益于其得天独厚的地理条件和自然环境，而且有多年来建立起来的革命基础和政治优势。西柏坡三面环山，一面环水，西扼太行山，东临冀中平原，距华北重镇石家庄仅90公里。这里交通方便，易守难攻，适宜危机时刻向山里撤退，顺利时又便于向城市进军。较发达的农业经济，有利于保障军民的经济供给，为党中央驻地提供物质基础。

党中央在西柏坡仅仅住了10个月的时间，却在中国革命史上留下了辉煌灿烂的篇章，西柏坡也因此像井冈山、瑞金、

西柏坡纪念馆

中共七届二中全会会址

延安一样成了中国革命的圣地。中共中央在西柏坡的时期，是中国革命的伟大历史转折时期，也是民主革命过程中最成功、最辉煌的时期。在西柏坡，中共中央不仅领导新民主主义革命取得全国胜利，而且为实现党的工作重心从农村到城市、从战争到建设的转变，为从新民主主义向社会主义过渡开辟了通途。

西柏坡纪念馆于 1976 年破土动工，全馆面积 13400 平方米，建筑面积 3344 平方米。纪念馆分上下两层，阶梯式四合院，四周走廊环绕，顺山势建造而成。馆内的陈列展览，集声光电现代化设施于一体，集中展现了西柏坡的历史地位及深远影响。纪念馆由中共中央旧址、陈列馆、书法石刻园和传统

朱德旧居

教育系列工程 4 个教育参观区域组成。中共中央旧址大院有毛泽东、刘少奇、周恩来、朱德、任弼时等的旧居及解放军总部旧址。中共中央旧址大院的前后院之间是中国共产党七届二中全会会议旧址；大院的最西部是 1948 年中共中央九月会议旧址。

众所周知，革命老区往往是落后的代名词，西柏坡也经历过这样的历史时期。然而近年来，西柏坡村人依托优越的地理优势和独特的政治优势，大力发展乡村旅游和红色旅游，在调整农业产业结构和农民致富奔小康的道路上走得越来越好。现在，全村 67 户人家全部盖起了新房，生活条件得到极大改善。全村经营家庭旅馆、旅游饭店的达 64 家，占全村总

卖葫芦等土特产的西柏坡老人

户数的95%。其中，家庭旅馆23家，农家饭店15家，可同时接待400多人住宿和500多人就餐。村里除少数老人和在校学生外，全部从事旅游服务业，包括外来人员在内，家庭旅游从业人员达200多人，人均年纯收入4711元。“户户有项目、人人有活干”，正是对现今西柏坡人的生动描述。为加快发展乡村旅游，西柏坡村集体建成了18亩无公害蔬菜基地，集体年收入达18万元以上。2005年，西柏坡全村旅游服务业总收入达130多万元。

今日的西柏坡，河渠纵横，杨柳成行，环境优美，吸引着众多前来参观旅游的游客。

达斡尔哈拉新村

达斡尔的意思是“原来的地方”，也就是故乡。达斡尔族原来居住在黑龙江以北的精奇里江流域，由于受到沙皇俄国武力的侵扰，17 世纪初被迫向南迁徙。他们来到大兴安岭东麓的嫩江流域，看到这里水草丰美，于是定居下来。

几百年来，达斡尔人居住在黑龙江嫩江流域，历史悠久的渔猎生活，造就了达斡尔人的剽悍性格，创造了许多与生产生活息息相关的体育活动。这里自古流行着一种和现代曲棍球极为类似的运动，达斡尔人称为“贝阔”。1976 年，以达斡尔族小伙子为主组成了中国第一支曲棍球专业队。这些从偏僻乡村拼杀出来的达斡尔族小伙子们，凭借着祖先留给他们的贝阔技艺冲向了国际大赛场。

位于嫩江西岸的齐齐哈尔市梅里斯区雅尔塞镇哈拉村，是一个历史悠久的达斡尔族村落。从前，这里的村民苦守着人均2.5亩地，日出而作，日落而息，播种希望，收获贫穷。1998年，嫩江特大洪水冲毁了他们的家园，也改变了哈拉人对于种地的过分依恋。

达斡尔族图腾，由鹰和曲棍球拍组成。

典型的达斡尔族农家院

经全国政协和中华慈善总会拨款救助，于翌年重新建成现代化的哈拉新村，让村民们有了美丽的新家。全村分为风格统一又自成格局的四个民宅小区。全村有居民 300 户，其中达斡尔族 182 户；人口 1036 人，其中达斡尔族占 70%，是具有鲜明民族特色的达斡尔族新村。

为了杜绝传统的养牛、养羊等生产活动导致的脏乱现象，2001 年秋，该村兴建了两栋高标准牛舍，总占地面积 1500 平方米，使全村的牲畜实现了集中喂养。另外，2002 年兴建的秸秆气化厂，将大量秸秆转化为燃气，也改变了该村柴草、秸秆乱堆乱放的局面。为了传扬民族文化，村民组建了民族舞蹈团，他们经常在村里演出，有时还被邀请到外地，深受乡亲们和广大游客的喜爱。

热烈奔放的达斡尔族舞蹈

达斡尔族姑娘为客人献酒。

随着现代化新村建设，新建成的基础设施还有环村公路、给水、供电、程控电话、绿化美化工程以及卫生所、小学校、综合商店、饭店、车库、文体活动中心、绿色食品展厅、敬老院等配套设施。2002 年建成的达斡尔族风情园及与其配套的达斡尔族民居式宾馆、民族特色餐饮服务中心，还有儿童乐园、绿地赛马、大型钓鱼池等娱乐设施吸引大批游客慕名而来，尽情领略大自然的秀美和达斡尔族风情。

目前，哈拉新村正朝着生态环境村、民族风情村、现代文明村、旅游观光村阔步前进。